マンション建替え物語

上作延第三住宅における10のポイント

丸山英氣◎監修　鈴木啓之・飯田太郎◎共著

鹿島出版会

推薦の辞

丸山英氣（まるやま・えいき／中央大学法科大学院教授・弁護士）

マンションの建替えという事業はひとが考えるよりずっと大変なことで、経験的に言うと、通常のマンション管理の10倍ほどのエネルギーが必要になる。いわばマンションの建替えは「究極の管理」である。それも素人である区分所有者が中心となって事業者を取り込み、コンサルタントを使いこなし、専門家の協力をあおがなくてはならない。その構想から実現まではおおよそ10年位はかかるから、自ずとリーダーの存在が不可欠である。建替えに成功したところでは、いずれもすぐれたリーダーが存在した。

本書の第1部は上作延第三住宅で管理組合をつくり、どのように建替えに成功したかの過程を具体的に、生き生きと述べたもので、そのすぐれたリーダーのひとりといえる鈴木啓之氏が執筆している。改修するか、建て替えるか？　建替えするとなると自分たちだけでやるのか、それともデベロッパーに丸投げするか？　の基本問題から、建替えに賛成しない人たちとの関係、近隣との関係まで、公表したくない事実も明らかにされている。なかでも建替えの成否を決定する企業（デベロッパー）との交渉やその変更がとりわけ興味深い。これらの経験は、現在、建替えを考えている人たちに役立つだろう。そこまで進展していないがこの問題に関心を持っている読者には、建替えがどんなに大変か理解できるであろう。

第2部は、やや理論的な部分である。このなかで、理事会の諮問組織や下部組織として将来構想委員会を設ける（第2章（4））、建替えが困難な場合どうするか（第2章（8））、マンション建替え円滑化法と建替組合（第3章（2））、建替組合以外の事業方法（第3章（3））、建替えへの不安や課題を考える（第3章（4））、コンサルタントと事業協力者の役割（第3章（5））、アンケートなどの実施（第4章（5））、行政との相談（第4章（6））などは従来あまり議論されていなかったところで、経験に即した概説は大変役に立つ。また、第5章も円滑化法による建替えが過程に従って述べられており、建替えの仕組みや過程を述べた最も詳しい文献のひとつと言えよう。

第2部の第1章が本書の要とでもいうべき部分で、建替えを成功させた10の要因という経験的なエッセンスを抽出している。なかで最も重要な経験は、「建替えの主役は自分たちだ」という意識を持ち行動を続けたということである。すぐれたリーダーが不可欠と先に書いたが、「みんなの想いをまとめるために労を惜しまず働く人たちの、"つながり"が」あり、すばらしいことに、タスキを渡しながら完走する駅伝の走り手のようにリーダーが次々に出現した。マンション管理もそうであるが、それ以上に建替えは労苦の多い任務で、リーダーはさまざまな中傷・批判にさらされることが多い。そうなると嫌気がさしたり、場合によってはその任務を下りてしまうこともある。このような状況になると、盛りあがった建替えの機運がしぼんでしまうことにもなりかねない。10年間、同一人がリーダー役を続けていたら参ってしまい、おそらく上作延第三住宅の建替えは成功しなかったであろう。リーダー間のバトンタッチがスムーズにいっていることがすばらしい点である。

建替えとなると、それぞれの家庭の内情が出ざるを得ないが、コミュニケーションがあれば、時には聞かないふり、見ないふりもできるようになるだろう。建替えで大切なことは、構成員がそれぞれの持場で忠実に任務を果たすことである。上作延第三住宅では、何人かの特技をもったひとがおり、建替えに情熱をもったひとがおり、分裂せず最後まで仲よくしていた。こうした区分所有者相互の日ごろのコミュニケーションがうまくいっていたこと、管理会社や事業協力者、行政といった区分所有者、管理組合の外の関係者とも仲よくしたことなど、いずれも建替えに成功した事例に即して首肯できることである。

ひとは一定の年齢に達すると、自分は一体何をしてきたか書いておきたいと感ずるものらしい。本書は建物についてのいわば「自分史」であろう。建物は何十年かの命を持つし、所有者などの関係者は変わっていく。しかし、建物の生みの親たちの苦労は語りつがれるべきであり、本書がそれを担っている。それだけではない。本書で述べられた知見は、建替えを考えている人たちの共有の財産ともなるであろう。

マンション建替え物語　目次

■第2部　成功するマンション建替えのポイント

飯田太郎

序

いい家に長く住み続けたい。だれでもそういう思いを持っています。

マンションの建替事業を終えた今、その「思い」こそが、なによりも大切であることを痛感しています。

私が住んでいた上作延《かみさくのべ》第三住宅は、1967（昭和42）年に完成した建物で、3615㎡の敷地に、鉄筋コンクリート4階建ての建物が2棟、戸数は48。昭和30〜40年代に建てられた標準的な団地タイプの建物でした。

私は結婚を機に、寮生活からアパート住まいとなり、子供の誕生をきっかけにこの分譲住宅に住むようになりました。28歳のときです。

それから30年近くの歳月をここで過ごしたのですが、その間、子供の成長に合わせて家が狭くなり、もう一部屋欲しいと思うようになりました。建物の老朽化も進み、水道が出にくくなったり、外壁がはがれてきたりしていました。

私だけでなく、ほかの住民の方も同じような不満を持つようになっていました。

ここの住民の方は、ほとんどが私と同年輩。この建物に入居したころは、小さな子供がいて、家庭を守るために、一生懸命働いていました。私も同じだったのですが、建物のことなど興味はありませんでした。

しかし、年をとってくると違います。定年が近づくにつれて、将来は、どこでどのような生活を送ろうか、そのときに子供たちはどうしていたらいいのか、ということを考えるようになってきます。そこにもってきて部屋が狭くなったり、建物の老朽化が目立ってきたので、自然と皆さんが「建て替えたい」と言い出すようになったのです。

しかし、建替えにはお金がかかります。たとえお金があったとしても、戸建て住宅ではありませんので、そう簡単にはいきません。48戸の住民の皆さんの足並みをそろえなければ、勝手に取り壊すわけには行かないのです。

なかには事情があって建て替えなくてもいいという人もいます。それぞれの考えを取りまとめて、みんなが納得する方向に持っていかなければ、絶対に実現できません。

しかも、住民が自ら進んで、そういう面倒なことに取り組まなくてはならないのです。そうしなければ、だれもやってくれません。マンションや不動産には、プロと呼ばれる人がいますが、そういう人に初めからなにもかもお願いしたら、結局、高いお金が必要になってしまうのです。

でも、私たちはその面倒な作業を、プロの力を借りながら自分たちが主体になって最後までやり遂げました。

そして今、夢のようなマンションに住んでいます。普通に買えば数千万円もするような自分の家を、自分たちで用意できる範囲の、わずかな資金で手に入れることができたのです。昔から住んでいた住民のほとんどの方と、同じ場所に住み続けることができるようになったのです。

そこに至るまで、10年以上の長い長い歳月が流れました。最初に思った以上に、苦労の連続でした。

正直、途中で嫌になったことや投げ出したくなったこともありました。一緒にこの事業をはじめた人のなかには、マンションの完成を見ずに、亡くなられた方もいます。

それでも私たちは、今こうして、新しいマンションに住むことができています。住民のみんなが、「いい家に住みたい」という強い思いを持って取り組んできたからです。

その取組みを、これから紹介しようと思います。

ここまで、一緒に手を取り合ってきた住民の皆さん、事業に協力してくれたデベロッパーや設計事務所、ゼネコン、川崎市の皆さんに、深く感謝します。

また、本書を上梓するにあたり小田部雄芳氏のご協力をいただきました。合わせて謝意を記します。

2008(平成20)年3月

鈴木啓之

■第1部

マンションン建替え物語

鈴木啓之

第1章

築35年目の管理組合設立

驚くほど老朽化していた住まい

上作延第三住宅は、神奈川県の住宅供給公社が建てた物件です。JR南武線と東急田園都市線の「溝の口駅」から歩いて15分程度、赤城神社がある丘陵の下なので、「宮ノ下」と呼ばれているところにありました。神社から続く道に商店街があり、それに沿って神奈川県住宅供給公社がつくった建物が何棟も建っていました。

私が引っ越してきたのは、第三住宅ができて6年目のことです。すぐ近くに小学校の建物ができていて、その周りは田んぼや畑がたくさんあり、夏になるとカエルの鳴き声がうるさく感じるようなところでした。そんななかで、第三住宅をはじめとする上作延の団地は、当時このあたりでひときわ目立つ、近代的な建物でした。

3615平方メートルの敷地に、鉄筋コンクリート4階建ての建物が2棟。1戸あたりの広さは、46㎡と52㎡で、3DK。10号棟と呼ばれていた建物には階段が4つ、11号棟には2つ。その階段を挟んで、各

老朽化した上作延第三住宅（神奈川県川崎市）

階に2つの住戸が並んでいました。エレベーターはもちろんのこと、階段の手すりもありませんでした。

入居当時はみんな若かったので、これでも不便なことはありませんでした。

でも昭和から平成に変わり、そろそろみんな定年が近づいてきたころになると変わります。

階段の昇り降りはつらく、上の階に住んでいる人ほど、毎日の買い物でも、大変な思いをするようになってきます。年老いた親御さんと一緒に住んでいた4階の人は、親御さんが具合が悪くなったとき、階段の昇り降りができずに、周りの人がみんなで手を貸して、大変な思いをして病院に連れて行ったこともあります。

築20年を迎えたころからは、外壁の傷みもひどくなりました。外から眺めていると、壁がはがれて、中の鉄筋が見えているところが何ヵ所もあります。最上階の人は、雨漏りで困っていました。そして設備も、かなり傷んでいました。

長年ここに住んでいて、私たちと一緒に建替事業を進めた萩野《はぎの》京子《きょうこ》さんは、「とにかく水には困りました。水道からはちょろちょろとしか出てこないし、茶色い水が出ることもよくありました。最上階だったもので、雨漏りもひどかったんです。台所もお風呂のシャワーもぜんぜん出ないことが当たり前でした」と、当時のことを振り返っています。

どうしてこのように老朽化してしまったのか。

それは、上作延第三住宅には長い間、管理組合がなかったからです。普通、このような集合住宅には、必ず管理組合があります。定期的に建物を点検して、必要な修繕や修理を行います。十数年に1度は大規模修繕といって、建物の隅々まで修繕工事を行い、できるだけ資産価値を高めて、長持ちするようにしています。

その管理組合が、なかったのです。

というのも、ここは神奈川県住宅供給公社が建てた「所有権留保付きマンション」で、住民は、建築主である公社から月賦のような形で、各住戸を購入していました。

普通の住宅ローンは、銀行や住宅金融公庫からお金を借りて、建築主にお金を払い、銀行に毎年お金を返済していきます。しかしここの場合は、お金を借りることはなく、購入時の代金を、建築主に長期の分割で支払っていたのです。その公社への債務が完済するまでは、買主、つまり住民には区分所有権がありません。あくまでも、公社の持ち物になるわけです。

萩野京子さん

実は、**「建物の区分所有等に関する法律（区分所有法（→174ページ））」**が制定された1962（昭和37）年以前から、住宅供給公社の前身である各地の公益法人は、首都圏や近畿圏を中心にこうした「所有権留保付きマンション」を供給してきました。当時は住宅ローンの仕組みも整備されていないため、こうしたスタイルをとったわけです。1979（昭和54）年までに、全国で供給された累計戸数は、少なくとも384団地、3万4549戸といわれています（マンション管理センターの資料による）。

つまり、購入者が債務の返済を完了するまでは、建物の共用部分の持分《もちぶん》も公社にあるため、その維持管理は公社が行っていました。

しかし、管理といってもその内容は最低限のものにとどまっていました。公社の賃貸住宅ならば多少事情は違っていたのでしょうが、所有権留保という中途半端な形であったので、質の高い管理を行って資産価値を高めるようなことはしていなかったのです。

当時のことをよく覚えている住民の矢野《やの》武《たけし》さんは、「3ヵ月交代で階段ごとに1人ずつ、当番の人がいまして、みんなから自治会費を集めていました。公社には必要最低限のことを連絡していました。それも、建物全体の傷んだところを計画的に修繕するのではなく、共用部分で不都合なところを連絡して、直してもらうという程度のことです」と話しています。

水道もさびが出ているのに、修理といえば、各自が業者を呼んで、自分の家の引込み部分のパイプを取り替えただけ。私は自宅のベランダの手すりがさびているので、自分で塗料を買ってきて、塗装したことが何回かあります。

水道などの共用部分が、きちんと補修されたかどうかは、はっきりとした記憶はありません。その他の修繕工事についても、いつ、どんな規模のものがあったか、一応、公社から報告はあったのですが、書類を総会で検討するようなこともなかったのです。

「所有権留保付きマンション」というものは、当時の私たちにとっては非常にありがたい制度でした。当時、1戸400万円ぐらいだったこの建物が、頭金50万円を払ったあとは、月々1万円ほど返済すればよかったわけですから。

しかし、賃貸とも分譲ともいえないあいまいな仕組みが災いして、管理も必要最低限のものにとどまり、建物はどんどん老朽化していったわけです。私の記憶では、大きな修繕は1980年前後に足場を組んで外壁の塗替えなどを行った1回のみで、2回目の大規模修繕のときには、計画を立てて、使う塗料の色まで決めていたのに、工事は中止になっています。

その理由は、すでにそのころ、みんなの間で建替えが話題となり、「建て替える建物にお金をかけて補修するのはもったいない」という意見が多くなっていたからです。

できるかどうかもわからない建替えがこんなに早い時期から話題になっていたのですが、逆にそのことが、さらに建物の劣化を進めました。築30年を過ぎると、神奈川県住宅供給公社の方からは、再三にわたって修繕工事の必要性が説明されたのですが、「建て替えるので修繕は必要ない」とだれもが思うようになっていたのです。

草刈りが情報交換と結束を固める場に

実は、完成して10年目ぐらいまでは管理組合どころか、自治会すらありませんでした。それだけ、みんなが若くて仕事が忙しかったから、建物のことには興味がなかったということです。

そこに、やっと自治会ができたのは1977(昭和52)年。毎月公社に依頼していた、敷地内の草刈りの費用があまりにも高額になっていたことに、一部の住民の方が気づいたことがきっかけでした。その1人である菊地和也《きくちかずや》さんは、「その費用を計算してみたら、年に何十万円もの支出になっていました。それはもったいないから自分たちでやろう、そのためには自治会をつくろうという発想が、そのとき初めて生まれました」と話しています。

そして菊地さんは、自治会設立のために動きました。各家を訪ね歩き、階段ごとの代表者を集めて、規約をつくり、自治会を組織化し、自ら副会長に就任しています。

その後の建替事業のときもそうでしたが、こうして住民どうしが話し合いをする場合は、同じ階段を利用する1～4階までの住民の間からそれぞれ代表者を出すのが、自然に決まった私たちのルールでした。

エレベーターもないところで、毎日同じ階段を利用しているのですから、顔を合わせることも多くなります。おばあさんが重い買い物の荷物を持って階段を上がるときは若い人が手を貸してあげたり、奥さん連中は踊り場で立ち話をしたりということがしょっちゅうありました。いちばん身近なご近所が、同じ階段を利用する人だったわけです。

ですから自治会でも、その後結成された管理組合でも、なにか連絡があるときには、階段ごとに代表者に伝えて各戸に知らせてもらっていましたし、理事を選ぶ場合も、同じ階段のメンバーで持回りにしていました。長年にわたって、そんな強力な「縦割りのコミュニティ」が形成されていたのです。

実は今でも、新しいマンションになり、部屋がばらばらになっているにもかかわらず、その階段ごとの結びつきはあります。先日は、第2階段の人たちがお茶会を開いていましたし、だれかの顔を思い浮かべるときには、「第○階段の□□さん」と考えるようになっています。

このときからはじまる建替えへの道のりは、この強力な結びつきがあったからこそできたものだと自負しています。

自治会が発足したことによって、それまであいまいだった公社との連絡がきちんと取れるようになっただけでなく、市役所からのお知らせも届くようになるといった行政とのパイプもできて、ご近所の自治会との交流も盛んに行われるようになりました。お祭りや子供会の行事も、一緒に行うようになったのです。

そして、なによりも大切だったのは、月に1回の建物周りの草刈りです。これは、毎月1回、全戸必ず1人ずつ参加するのがルール。出ない家は1000円徴収ということではじめましたが、ほとんどの家が参加していました。

そこで私も、同じ建物に住んでいながら顔を見る機会もなかった人たちとずいぶん顔見知りになることができました。みんなで草を刈ったり、掃除をしたり、それに慣れてきたころになると、作業が終わった後に一緒にビールなんかを飲むようになったのです。

そんな楽しみもできて、この草刈りが毎月恒例の行事となり、20年以上、建替えのために移転するまで続きました。たかが草刈りでしたが、私たちにとっては、楽しい交流の場であり、さらに、重要な情報交換の場ともなりました。

そろそろ、建物のあちこちに傷みが出てきたころです。だれもが家のことが気になっています。そのときに、どこそこの家では水道の工事を終わらせたのでうちもお願いしたい、台所や洗面所などの水周りが不便なうえに狭くて使いにくい、外壁の汚れが気になる、子供が中学生になったのでもう一部屋欲しい……といった、同じような不平や不満をみんなが話し合っているうちに、自然と連帯感が生まれてきたのです。

今思えば、この草刈りでの交流も、後の建替事業で住民の皆さんを結束させる力のルーツとなっていたと思います。

そうして自治会の活動をするようになった私たちが、初めて「建替え」を口にするようになったのは平成になってすぐ、90年代の初めです。

ちょうどそのころ、南側の敷地に立っていた、同じような団地スタイルの共同住宅が、きれいな一つのマンションへと生まれ変わったのです。大手企業が社宅として利用していたもので、会社が建替えを行ったのです。

これを見て、みんながうらやましく思いました。なにせ、以前はうちの方がきれいに見えるぐらい汚れて、老朽化した建物だったわけですから。「私たちも、新しい建物に住みたい」と思うようになってきたのです。

九〇年代に、最初の一歩が動き出す

そんななかで、バブル崩壊後の90年代の初め、実際に「建替えをしよう」と立ち上がった人がいました。当時の自治会会長で、建築や不動産に関する専門知識も深かった松井《まつい》克允《かつまさ》さんです。ちょうどそのころ、大手デベロッパーやゼネコンが、業績アップのために、集合住宅の建替えに目をつけて、企画書を持ってあちこちの団地やマンションを回っていました。その松井さんのもとにも、大手ゼネコンのK社から、上作延第三住宅の建替計画の提案書が届いていたのです。それ以前のバブル期にも、デベロッパーH社から、等価交換方式による建替えの提案がありましたが、バブル崩壊によって頓挫しています。そのときと比べて、K社から提案された計画がかなり具体的であり、住民みんなが「そろそろ建替えをしたい」と思いはじめた時期でしたから、松井さんは、「それが可能かどうか、法律上の問題等を調べて具体化しよう」と立ち上がったわけです。

そこで、1995（平成7）年8月、松井さんをはじめとして13名が集まり、建替え委員会の発起人会として、活動に入りました。

K社の担当者と勉強会を開いたり、新築マンションのモデルルームを見学に行ったりしましたが、いくつもの難問があがってきました。

一つは、48戸中、18戸が登記簿上では、県の住宅供給公社の所有なので、区分所有権がないこと。もう一つは、松井さんの体調不良です。

結局のところ、やろうと思って立ち上がったものの、このときの建替え委員会は、うやむやのままに終わってしまいました。

しかし、このときに最初の一歩が踏み出せたことは、とてつもなく大きなことだったと思います。多少なりとも、住民の間に、「建替えが本当にできるかもしれない」という夢が膨らみました。

私の記憶では、1980年に外壁の塗替えを行った際、費用が不足で各戸から5万円を徴収し、残りの不足分は毎月ごとに集めることにしました。その返済後に、毎月徴収していた同額を、修繕積立金の増額分として積み立てることにし、その後の建替事業を進める力となりました。1995年以降からは、建替えの検討中でしたから修繕工事は最低限必要なことにとどめ無駄な出費をおさえました。そのため、その積立金がたまりにたまり、その後建替え決議が可決され、みんながここを立ち退くときには、1世帯あたり平均240万円を返還できたのですから。それを、建替えの間の家賃や引っ越し代に役立てることができたのです。

なお、その松井さんは、2005（平成17）年1月に仮住居に引っ越しをされた後、お亡くなりになりました。これから建替事業が本格化するというときで、ご本人も組合設立の発起人にもなられ、新しいマンションの完成を心待ちにしておられただけに、残念なことになってしまいました。その後、奥様の桃代さんが遺志を引き継いで理事になられたのは、ありがたいことでした。

私は今でも、このときの松井さんの第一歩があったからこそ、建替えという事業に踏み出せたと思っています。そして、故人となる方もいるほど長い年月を要するものが建替事業であると、つくづく感じています。

ようやく、管理組合が発足する

こうして、90年代初めの建替え委員会は、うやむやのうちに解散になったものの、建替えへの情熱が立ち消えになったわけではありません。2001（平成13）年、すべての住民が、住宅供給公社への債務返済を終えたときに、住民のみんなが、再び建替えに思いを向けるようになったのです。

例の月賦を、みんなが払い終えたことによって、建物がすべて買主のものとなり、私たちは区分所有者となったわけです。

そうなると、今度は管理組合をつくらなくてはなりません。

そのために、住宅供給公社からは専門のスタッフが、自治会の役員さんのもとを訪れて、規約づくりなどの下準備を行うようになりました。区分所有者による管理組合が設立されれば、住宅供給公社は管理会社としての立場で、管理業務に関わることになるからです。

そんな、01（平成13）年10月のある日のことでした。

私の勤務先に、自治会の役員の方から電話があって、「鈴木さん、今日の自治会役員会にどうしても出席してほしい。どんなに仕事で帰りが遅くなっても、何時までも待っているので必ず来てください」とお願いされました。

当時、私は56歳。印刷会社の営業マンとして、忙しい毎日を過ごしていて、帰宅するのはかなり遅い時間。そんなに遅くなってもいいのですかと聞いても、「それでも待っている」と言うので、仕事が終わったあとに役員会に顔を出しました。

そこで、管理組合への理事長就任を依頼されたのです。

正直、戸惑いました。毎日忙しい私に、そんな大役が務まるわけはない。なによりも、これまで仕事ばかりだったので、建物の管理のことなど、興味もなかったし、なにもわからないのです。自治会の会計になっていたこともありますが、私よりも、家内がほとんど顔を出していたような状態です。

それでも、当時の自治会の中心だった人たちは、みな高齢となって、だれも理事長の引受け手がいない。これから建替えをやるとしても、だれかがみんなを引っ張っていかなくては実現できない。そのように説得されたので、断ることができず、理事長就任を引き受けました。

実は私も、長年ここに住む間に子供が大きくなり、どうしてももう一部屋欲しいと思うようになっていました。これまで、子供の面倒を見てもらったりと、困ったときには助けていただいた先輩方に恩返しをしたいという気持ちもありました。

考えてみれば、これが私にとって、それからはじまる長い長い、建替えへの道のりの、第一歩だったのです。

こうして、私が理事長に就任する形で、01（平成13）年12月8日、上作延第三住宅の管理組合設立総会が開かれ、正式に管理組合が発足しました。入居後35年目の遅すぎた船出でしたが、区分所有者のみんながこのときを待っていたかのように、「建替えをやろう」を口にするようになったのです。

翌02（平成14）年1月1日、管理規約が施行され、管理組合が本格的に動き出しました。実はこの管理規約には、「所有者48戸が専有面積の違いにかかわらず、平等に48分の1の権利を持つ」という一文が記載されていました。自治会の理事さんたちが、管理規約をつくるときに、そういう取決めをしていたのです。

これは明らかに、建替えを意識したものでした。そして、これからはじまる建替事業にとって、とても大切な役割を果たしました。専有面積は46・16㎡と52・22㎡の2タイプがありましたが、このわずかな広さの違いを超えて、みんなが共有した土地や建物、お金などを分配する場合、全員が平等に48分の1の権利を持つことになるわけですから。

とくに、集合住宅を建て替える場合、大きな住戸に住んでいる人の方が、大きな権利を持つものです。それを、この段階からだれもが平等にしていたわけです。

この何年か後に、管理組合が解散になって修繕積立金を分配するときも、全員平等に分けることができたのです。また、建替えの設計時に、同じ立場で設計や間取りを考えることができたのです。

とにかくなにをやるにも、「みんなが48分の1」という考えで、管理組合が動き出したのです。

大規模修繕は不要です！

管理組合の管理実務を担当するのは、この建物をつくった神奈川県住宅供給公社で、その担当者は、原《はら》田《だ》佳明《よしあき》さんという人でした。

私より年が2つか3つ上で、大手ゼネコンに勤務したこともある、建築・不動産のプロ。背がすらりと高くて、いつでも柔らかい表情で優しい話し方をする、紳士という言葉がぴったりの人です。

のちのち、この原田さんには、いろんなことで助けてもらい、強い信頼関係で結ばれるようになるのですが、管理組合が発足したばかりのころは、だいぶ、この人を困らせていたようです。

原田さんは、管理組合の設立総会が行われた01（平成13）年の12月、初めて上作延第三住宅を見て、びっくりしたそうです。そのときのことを、「仕事柄いろんな建物を管理してきましたが、ここまで老朽化してボロボロになった建物は、見たことがありませんでした。これは、早急に修繕をやらないと大変なことになると思いました」と話しています。

そこでさっそく、原田さんは修繕計画をつくって、管理組合に大規模修繕の提案をしてきました。しかし、私たちはその案をろくに見もせずに、「この建物は、もうすぐ建て替えるから、修繕は不要です」と言っていたのです。

このときはすでに、みんなの気持ちが建替えに向いています。管理組合でも、それを進めるためのやり方を考えはじめていました。そんなときに、外壁を直したり、階段に手すりをつけても、すぐに建て替えるので無駄になる

原田佳明さん

だけだと思っていたのです。

それを見て原田さんは、内心、「建替えなんて、すぐにできるはずがない。絶対に無理だ」と思っていたようです。

それでも私たちは、手探りで建替えについての話し合いを進めはじめました。その手始めに、02年（平成14年）3月に、住民どうしで意見交換会を開いて、住居についての悩み、疑問、希望などを話し合いました。

この意見交換会には、ほとんどの方が参加してくれました。これが、私たちの強みです。自治会の草刈りのときから、なにかがあると、48戸、ほとんどの方が参加してくれます。会合に参加せずに、後から決まったことに対して文句を言う……そんな人はいなかったのです。

ただ、みんながみんな、区分所有者なのではありません。なかには賃貸で住んでいる人もいます。自治会の場合は、賃借人も参加しますが、管理組合は区分所有者の問題となります。そこで、このときからは、住民ではなく、その建物を持っているオーナーさんに参加してもらうようになったのです。

実はこのオーナーさんも、ほとんどが以前はここに住んでいた人です。たまたま、なにかの事情でほかの場所に住むことになったので、空いているこの家を賃貸に出しているわけです。ですから、この建物と土地に愛着もあり、熱心に参加してくれるわけです。

そのとき話合いがどんな内容だったかは、細かい資料が残っていないので今となってはわかりませんが、だれもが一様に、部屋が狭い、もっといい設備にして欲しいという話をしていたように思います。

次いで、5月25日には、建替えに賛成している自治会の役員さんや、管理組合理事、その他、建替えに関心を持っている区分所有者を集めた会合を開きました。

その席で、区分所有者の一人である島野哲夫《しまのてつお》さんが、「**マンションの建替えの円滑化等に関する法律（マンション建替え円滑化法、円滑化法→175ページ）**」について、話をしてくれました。これが、建替えが現実味を帯びてくる、なんとも心強い、最新の情報だったのです。

島野さんは、00（平成12）年にこの上作延第三住宅に越してきた人です。建築・不動産の専門家で、「集合住宅の将来を考える会」というNPO法人の理事長を務めています。それまでにも、自分が住んでいたマンションの建替えを行った実績があるだけでなく、当時、国土交通省が提案し、国会で審議中だったマンション建替え円滑化法（円滑化法）のマニュアル案の作成にも関わっていました。

彼の話によると、この円滑化法を使えば建替えが可能であるというのです。そして、その法律の具体的な内容を理解するため、みんなで勉強会をスタートさせようと提案してきました。

このとき、私たちは目の前が一挙に明るくなったような気がしました。それまで、まったくの手探り状態で進めてきましたし、具体的にどうやったらいいのか、専門的な知識はぜんぜんない状態でしたから、一筋の光が見えたような気がしたのです。

そして、すぐに私たちは、建替組合をつくるための準備委員会を設けようと動き出しました。賛同者を集めて、その5月の会合のわずか2週間後の6月8日には、準備委員会の発起人会を開いているのです。

円滑化法が国会を通過し、公布されたのは、同じ年の6月19日（施行日は同年12月18日）。この法律を活用することを前提として、その公布に先行する形で、建替事業が始まったのです。

円滑化法を使って、自分たちでやろう

ここで、マンション建替え円滑化法（円滑化法）について簡単に説明しておきます。円滑化法はその名の示すとおり、老朽化したマンションの建替えを、区分所有者が円滑に進められるように制定された法律で、大きなポイントは次の6つです。

1 「建物の区分所有等に関する法律」に基づく建替え決議がなされた場合、建替えに合意したマンションの区分所有者は、法人格を有する「マンション建替組合」を設立することができる。

2 円滑に建替えをするために、専門知識、技術、能力や資力を持つデベロッパー等がマンション建替組合の「参加組合員」になることができる。

3 マンション建替組合は、建替え決議に反対した区分所有者に対し、区分所有権等を時価で売り渡すことを請求することができる。

4 マンション建替組合およびマンションの区分所有者は、「マンション建替事業」を施行することができる。

5 マンション建替組合では、都道府県知事の認可を受けた権利変換計画に従い、区分所有権、抵当権等の関係権利を、建て替えるマンションに移行させることができる。

6 マンション建替組合は、権利変換後のマンションの敷地についての権利と、建築工事完了後の新しいマンションについての権利を、それぞれ一括して登記できる。

つまり、建替えを行う団体（マンション建替組合）の法的位置づけが明確になされて、その建替組合が、工事契約や資金の借り入れなどを行い、区分所有権や抵当権などの関係権利を抹消することなく、建て替えたマンションに一斉に移行できるのです。

そして、区分所有法も02（平成14）年12月に改定されました。

それによると、従来の「老朽化や費用の過分性」といった条件が撤廃され、区分所有者数と議決権数の各5分の4の賛成で、建替え決議が可決できるようになったのです。

この2つを適用すれば、

1　48戸の区分所有者の5分の4の人が、建替え決議に賛成する
　　←
2　建替組合を設立する
　　←
3　建替組合が建主となって、建替工事を行う
　　←
4　区分所有権や抵当権などがそのまま新しい建物に移り、住むことができる

という流れになります。

実は当初は、これとは別に、等価交換方式による建替えを検討していました。

等価交換は、土地所有者や借地権者、区分所有者が所有する土地の権利を提供し、その上に共同事業者

としてデベロッパーが建築資金等の事業費を出資して、マンションを建設するやり方です。

それぞれの出資比率に応じてでき上がったマンションの持分を配分しますが、当時は、不動産市場が下落の一途をたどっていた時期でした。建物の大きさに比べて敷地が広いこの住宅では、1戸あたり14〜16坪の床の区分所有権に相当する土地所有権（22〜23坪）がありましたが、それをすべて提供したとしても、8〜9坪の住戸しか配分してもらえないとの、専門家による試算が出ていました。

ということは、区分所有者は、自分の土地と建物を提供するだけではそれまでよりも狭い建物にしか入れない。それなりにお金を出したとしても、同じような面積を確保するだけでも、やっとなのです。

こういうわけだから、建替えはしたいが、難しそうだという考えがあったのです。そこに、円滑化法の話が出てきたので、私たちは希望を持つことができました。

円滑化法を紹介してくれた島野さんの話によると、この法律の適用を受けるうえでは、区分所有者が主役となることが大切で、設計や予算組み、資金の確保など、どんなことでも、できることは「自分たちで」やることが基本だそうです。

家の掃除でも改装でも、プロに頼めばその分、お金がかかります。自分たちでやれば、そのお金は不要です。それと同じことです。

建替組合という地権者が中心になる団体が、建替事業を進めるわけですから、そのなかでできることをすれば、出て行くお金が抑えられます。組合員一人ひとりが持ち出すお金も、少なくてすみます。その抑えた分のお金で、グレードの高い建物をつくることもできるのです。

そして、組合員の人たちみんなに「私たちが建替事業の主体だ」という意識が生まれてきます。それがないと、建替事業はデベロッパーなどの業者主導、またはコンサルタント主導になってしまうわけです。

そんなわけで私たちは、まだ公布されたばかりの円滑化法に、マンション建替えの夢を託すようになったのです。

見えないゴールに向かう

建替え準備委員会の発起人会が開かれた1ヵ月後の7月8日。

私を含めた管理組合の役員3人で、川崎市のまちづくり局を訪問しました。円滑化法を踏まえて、行政として、建替組合設立にどのような形で協力してもらえるか相談しに行ったのです。

そのときの市の回答は、「円滑化法について、まだ1回しか講習を受けてないから、よくわからない」というものでした。確かに、できたばかりの法律でまだ施行されていません。そのために、まちづくり局内の体制をどう整えるかを検討している段階だったので、無理もないと思いました。

それでも、私たちが円滑化法に沿って建替えを進めたいと思っていることを伝えると、「できる限り、協力しましょう」と言ってくれました。

そして、7月12日に開催した準備委員会の発起人会に3人の市の担当者が出席して、円滑化法について説明をしてくれたのです。このときは、区分所有者が22人も参加しました。まだ建替組合の準備委員会すら発足していない段階なのに、これだけの人が参加してくれたのです。それだけ、みんなが建替えをやりたいという思いがあるのだと、こういう会合を繰り返すたびに、私は強く感じるようになっていました。

そしてこの発起人会では、「建替組合設立準備委員会」を設立するために、管理組合の臨時総会を開き、そこで正式に準備委員会の設立を認めてもらうことを決めました。そのために、区分所有者の同意書を集めることにしました。

そして8月11日、私と島野さんは、住宅供給公社の原田さんのもとを訪れ、そこで改めて、私たちが建替えを希望していることを話し、建替え準備委員会の設立と、これまで組合員から集めてきた修繕積立金を建替えの準備のために取り崩せるようにすることを、総会の議案にしてほしいと、お願いしました。

しかし、原田さんの答えは、「できない」でした。

その理由を、原田さんはこう話しています。

かつての様子

「まず、建替え準備委員会の設置ですが、みなさんは管理組合と同等か、それよりも上の組織としてつくりたいと考えている。それは、できることではありません。あくまでも管理組合の下部組織じゃないとだめですよ、ということなんです。そして、理事会の下部組織としてつくるのなら、総会での承認は不要で、理事会内で話されれば、決定することができるとアドバイスしました。そして、修繕積立金の取崩しについては、明らかに説明不足です。住民の皆さんに、もっときちんと説明しないと、あとからクレームが出るようなことにもなりかねません」

しかし、このころの私たちは、なにがなんでも建替えを進めるという気持ちで一杯です。この席上で、公社としてどんな協力をしてくれるのか、また、今のあの場所の土地の評価額はいくら位だろうかと、原田さんを困らせるような質問を次々に投げかけていました。

もっと入念に準備をするべきだというのが原田さんの考えで、今にして思うと、まったくそのとおりだと思います。

それもそのはずで、この時点ではまだ、具体的なやり方はなに一つ決まっていません。本当に円滑化法を適用できるのかどうかの見通しも立っていなかったのです。

それなのに、住民から同意書を集め（「建替組合設立準備委員会」を設けることへの同意書は、8月4日の時点で36名の区分所有者から得ていた）、テレビ局の取材クルーまで受け入れていたのです。

この取材とは、日本テレビ系列の「新日本探検隊」という番組です。マンションの建替えをテーマに取り上げたいというので、私たちが今、どんな取組みを行っているかを取材していたのです。後日、私たちの様子が放映されましたが、まだまだ建替事業が本格化する前段階の話にとどまっていたので、大きな効果があったというよりは、世の中に集合住宅の建替えがこれから大きな課題になるという問題提起をしたことになったようです。

そしてこのとき、設計事務所に図面を依頼することや、専門家の先生を呼んで円滑化法についてより深く勉強していくことが決まっていたのです。ゴールがあるのかどうかわからない状態なのに、猛スピードで次々と物事が進んでいました。

それを見て、原田さんは、「そんなことは絶対に無理だ」と思われていたようです。

しかし、後日、このときのことを、このようにも話しています。

「どうしても、建替えをしたいという強い気持ちだけは、しっかりと受け止めることができました。みなさん、建築に関しては素人ですが、自分たちで法律を勉強し、結束を強めています。心配ではありましたが、頼もしさも感じました。そして、私自身も、円滑化法に興味が出てきました。もともと新しいことは好きな性分ですから、これから先、この人たちが一体どうなるかを見届けたい。そのためにも、自分も円滑化法を勉強しようという気持ちが生まれてきたのです」

こうして、私たちの気持ちが通じて、原田さんが、少しずつですが、私たちに協力してくれるようになっていったのです。その協力がなければ、建替事業が中断してしまうようなことも、これ以降、何度かありました。いろんな人に助けられて、建替えが実現していきましたが、そのなかでも原田さんは、私たちにとって絶対に欠かせない存在になっていったわけです。

第2章

みんなで「建替え」をやるぞ！

5分の4の賛成を目指して、準備委員会発足

建替えを行うためにまず、必要なのは、建替え決議です。区分所有者の5分の4の賛成、この建物の場合、39人以上の賛成で可決されます。

これまで話したように、私たちの上作延第三住宅は、老朽化が激しく進んでいるため、建替えそのものについては、ほとんどの人が強く望んでいます。しかし、それだけでは建替え決議にはなりません。建物の規模や資金、設計や仕様など、大まかな建替計画に賛成していただくことが、建替え決議です。なによりも、現状の建物よりも広くて、グレードの高い建物をつくるために、区分所有者それぞれが資金を出し合うわけですから、その金額によっては、反対されることもあります。高齢者が多い場合は、何年もローンを組むことが難しいので、反対意見も多くなるものです。

ですから、建替え決議を得るためには、合意形成が必要です。区分所有者だけでなく、賃貸で借りている人も、立ち退いてもらうことになりますので、建替えに合意してもらわなければなりません。

国土交通省のマニュアルによると、

1　建替えの提起のための検討を行う「準備段階」

2　建替構想の検討を行う「検討段階」

3　建替計画を策定する「計画段階」

の3つのプロセスを経て、合意形成を行うべきであるとしています。

私たちが神奈川県住宅供給公社の原田さんのもとを訪れて、建替えについてのお願いをした02（平成14）年8月の時点では、すでに区分所有者の何人かが建替えに向かって動き出し、有志の勉強会を開いています。そして、建替え決議を得るための組織として、建替え準備委員会を設立しようとしていましたので、1の「準備段階」が、かなり進んでいたといえます。

ちなみに、勉強会は、02（平成14）年8月から、月2回ぐらいのペースで開かれ、自治会の役員さんと管理組合の理事を中心に10人ぐらいが参加していました。内容は、島野さんが、円滑化法の仕組みについて説明して、具体的に私たちがやるべきこと、そしてこれまでの建替えの事例や、その他の不動産に関する法律や税制などをレクチャーします。

ほとんどの方が、建築や不動産はまったくの素人。聞くものすべてが初めてのものばかりで、理解するのに苦労しました。しかし、だれも脱落せずに前向きに勉強して、次々に知識を蓄えて行ったのです。

この勉強会を繰り返していった結果、私たちがたどり着いた一つのアイデアは、「自分たちで建てて売る」ということです。

普通、マンションを建てるのはデベロッパー（開発会社）です。ゼネコン（建設会社）などに工事を発注し、法律上の手続きを済ませ、販売をする、不動産事業のプロです。円滑化法によりマンションを建て替える場合は、デベロッパーが参加組合員という形で建替組合の一員となり、組合員（区分所有者）の取得分を除いた住戸（保留床）を販売するのが普通です。

ちなみに、新しく建てられるマンションには、「権利床」と「保留床」があります。権利床は、権利変換された床で従前の資産の対価、つまり、私たち区分所有者のものです。それに対して保留床は、それ以外の部分で、それを新しく売り出すことになります。これまで一般的に行われてきた建替えは、この保留床をデベロッパーが販売しています。

しかし私たちは、そのデベロッパーを入れずに、自分たちがゼネコンに工事を発注し、不動産や税金に関する手続きも行い、販売も行うというやり方で進めるつもりになっていました。

というのも、円滑化法の基本は、「自分たちでできることはなんでもやる」だからです。デベロッパーにやってもらうことを自分たちでやれば、その分のコストが抑えられます。新しい住戸をつくって販売すれば、それがそのまま私たちの利益になるので、うまくいけば、個々人がほとんどお金を出さずに、建替えができるかもしれないという発想まで生まれていました。

しかしこれに、反対を示す人もいました。住宅供給公社の原田さんはその一人です。原田さんがそれまで見てきた建替えは、デベロッパーがついて、等価交換か敷地権の買取りかで行っているので、いくら円滑化法ができたといっても、マンションを自分でつくって売るという発想が、信じられなかったようです。

ですから、建替えについて相談するたびに、「もっときちんと、デベロッパーを入れて計画を立てることを考えたらどうですか」と言われました。

それでも私たちは、「自分たちで建てて売る」のが一番いいことだと強く思うようになっていました。それは、上作延第三住宅には建物の大きさに比べて土地に余裕があって、それを利用すれば、建て替える物件には、今よりも倍近い住戸ができるからです。それを48戸の住民がそれぞれ1戸ずつ、友だちや親戚に声をかけて売れば、相当の収益を上げられる。そうすれば自己資金なしで建て替えられるというわけです。

もちろん、それがすべてではありませんが、デベロッパーに頼む案も含めて、それぞれのメリット、デメリットを検討して、その結果、自分たちでやればいちばん安くできるだろうという計算があり、これからしばらくの間はそのやり方が主流になって建替えの検討が進んでいったのです。

その話にはまた後で触れるとして、このように、02（平成14）年の夏ごろには、合意形成の第一段階はクリアしていたように思います。

その次には「2」の「検討段階」を迎えるわけですが、ここでは、本当に建替えが必要なのか、修繕工事でもいいのではないか、といったことを検討します。

そのためには、管理組合だけでなく、建替え決議に向けて合意形成を行っていくための専門組織が必要となります。そこで出てきたものが、「建替組合設立準備委員会（以下、準備委員会）」で、それをつくるための発起人会が立ち上がったことは、すでに話しました。

8月の段階では、その準備委員会を設けることと、これまでの修繕積立金を建替えのために使えるようにすることを、管理組合の総会の議題にしようと思っていましたが、原田さんからは、「その必要はない」とアドバイスされました。

そんなわけで、9月8日に開いた管理組合臨時総会ではそれらの議題を取り下げ、その代わり、高齢の居住者から希望が出ていた階段に手すりを付けることが決まりました。「建替えを検討しているのに、多額の費用をかけてそんなものを付けなくてもいいのでは……」という異論もありましたが、実際にけが人も出ているので、多数決で承認されています。

そして、10月6日の管理組合理事会で、「準備委員会を管理組合理事会の下部組織としてつくってほしい」という要望書が承認されました。この時点で36人から同意書を得て、20人の発起人が集まっていたのです。私自身、これからいよいよ、本格的に建替えに取り組むことができると、気持ちを引き締めました。

一歩一歩、夢に近づく

建替え準備委員会をつくることが決まったので、私たちは今まで以上に、建替えについて勉強をするようになりました。

まずは、国土交通省・国土技術政策総合研究所の主任研究官（当時）、長谷《はせ》川《がわ》洋《ひろし》さんを招き、円滑化法について詳しく話を聞いたのです。

長谷川さんは、円滑化法を活用するためのマニュアルづくりにかかわってきたメンバーの一人です。これまで勉強会は何度か行ってきましたが、そういう方の話が聞けたことで、これまでの勉強会の内容が一層身近に思え、今後に向けての希望を感じました。

正直、「できることは自分たちでやる」と頭ではわかっていたつもりでも、まったくの素人である私たちに、なにができるのかという不安がありました。その気持ちを打ち砕くように、住民みんなが建替えに立ち向かう勇気を持てたわけです。

さらに、ここに住んでいない区分所有者の方々に、上作延第三住宅の近況を次のように伝えました。オーナーさんとして、家を貸しているわけですが、建替え決議の投票権を持つ大事な仲間です。遠く離れていても、これから手を取り合って進めなければなりません。次のような手紙を送り、建替えに関心を持っていただくことを呼びかけました。

〈オーナーさんへの手紙（抜粋）〉

現在の住宅環境を見直すと、たとえばエレベーターの問題があります。高齢化が進むわれわれにとって階段の昇り降り、また上層階の病人が緊急を要するとき、ストレッチャーによる移動ができるかは病人にとっては大変重要な問題です。専門家の先生によるお話ですと、ストレッチャーによる搬送ができるかできないかの問題は、緊急時の措置として大きな差が出るそうです。

この問題を取り上げてみても、建替え問題を直視しなければなりません。

古いから建て替えるのではなく、より良い生活をするための問題として、考えていかなければなりません。

12月8日には、山下司建築研究所（以下、山下研究所）の一級建築士・山下司《やましたつかさ》さん（工学院大学建築学科主任教授）に、設計を依頼する前提で、話を聞きました。

準備委員会が発足する以前から、設計は実績ある設計士に依頼して、施工は中堅のゼネコンに、そして販売は建替組合で行うという「自分たちで建てて自分たちで売る」という方向で進めてきたものが、いよいよ具体的に動き出したのです。

そして、この時期の課題である「必要性の検討」です。

山下先生がつくってくれた設計図をもとに、建物の設計の概要や費用の概算・分担などを決めていきます。同時に、「建替えをしないときに、建物の効用を維持（または回復）するのに要する費用の額と内訳」を算出します。つまり、建て直さない場合と建て直す場合の費用を比較するわけです。

そして12月29日には、区分所有者に、主に資金のことを尋ねたアンケートを配布しました。

というのも、「自分たちで建てて売る」場合に、資金の8割を住宅金融公庫からの融資を受ける予定でしたが、残りの2割は、区分所有者それぞれが、自前で調達しなければなりません。そこで、どのくらいの資金が準備できるか、その他、アンケートにて13項目で不安に思うことや問題点を自由に記入してもらいました。

翌03（平成15）年1月、アンケートを回収しました。

「建替え中の仮住居の家賃が出せない」「子供の名前でローンを組んで自分たちで住めるか」「年金生活のため、ローンが組めない」「居住者の費用負担を極力ゼロに近づける方向で検討して欲しい」といったことが、数多く記入されていました。

思った以上に、資金的な不安が多かったので、少々気持ちが沈みがちになりましたが、その不安を私たちが自分で解消していかなければなりません。

お金の心配はかけなくても、建替えができるようにしよう。そのためには、「自分たちで建てて売る」という体制をしっかりとつくり上げようと強く思うようになったのです。

2月16日には、管理組合の第1回通常総会が開かれました。理事長となって1年。上作延第三住宅にとって、記念すべき最初の通常総会です。

ここで、前年の8月に原田さんから「もっときちんと説明してください」とアドバイスされた修繕積立金の取崩しが承認されました。山下研究所に依頼する設計費用など、建替えのために使えるお金730万円が、初めて予算に計上されたのです。これも、今後に向けて一歩を踏み出す大きな出発点であったように思います。

そして、総会終了後の準備委員会では、住まいに関するアンケートをもとに、山下研究所が作成したラフ図面を、委員に公開しました。

これまで空想のものだった建替えが、実際の図面が出てくると、ぐっと現実味を帯びてきます。現在建っているマンションのデザインも、実はこのときの図面が基本となっています。このときばかりは、その図面を見ながら、委員の皆さんが思い思いの夢をいつまでも語っていました。

そして、準備委員会の活動はさらに加速します。

3~4月にかけては、今後の課題や問題点を検討しました。

自分たちの住まいを建て替えることによって、このあたりをどんな町にしていくのかといったことや、建て替えるマンションの販売方法や販売価格、建替えのために区分所有者と管理組合がやらなければならないこと、そのために必要な資金額と調達の方法などを、何度も話し合いました。委員だけでなく、各区分所有者やその親族など関係者との個人面談も、何度も行いました。

その後の動きは、ざっとこんなものです。

そして、03（平成15）年6月29日、建替え準備委員会が正式に発足し、区分所有者の小池《こいけ》五郎《ごろう》さんが、

◆バイク駐輪場についてお尋ねいたします。(250ccまで)

A. 必要なし……22

B. 必要あり……17

その内訳：1台……12　2台……2　3台以上（　　台）……0

◆駐車場についてお尋ねいたします。(将来のことを考慮してください)

A. 必要なし……6

B. 必要あり……35

その内訳：1台……27　2台……4　3台以上（　　台）……0

◆仮住居についてお尋ねいたします。

A. 無し……33

その内訳:自分で探す……6　業者に頼む……3

組合で業者を紹介する……10

B. 有り……6

◆共用施設についてお尋ねいたします。

A. エントランスのみ……5　B. エントランス・ロビー……5

C. エントランス・集会場……24　D. エントランス・ロビー・集会場……4

◆住居の使用目的についてお尋ねいたします。

A. 自己使用……38　B. 賃貸……1

◆賃貸している方にお尋ねします。

A. 立ち退きは自分で行う……4　B. 業者に頼む……1

C. まだ考えていません……1　D. 組合で紹介する……0

◆ローンの残債についてお尋ねします。

A. 無……34　B.有……7

以上のアンケートにおいて、不安に思うことや問題点を自由にお書きください。

上作延第三住宅建替え準備委員会による住民へのアンケート

部屋番号　　　　　　号室
お名前

◆居住を希望する広さについてお尋ねいたします。
A. 39.67㎡（12坪：1DK、1LDK）……0　（回答者数、以下同）
B. 49.59㎡（15坪：2DK、2LDK）……4
C. 59.50㎡（18坪：2LDK、3DK）……12
D. 66.12㎡（20坪：3DK、3LDK以上）……14
E. 72.73㎡（22坪：3DK、3LDK以上）……6
F. 79.34㎡（24坪以上：3LDK以上）……6

◆向きについてお尋ねいたします。
A. 南（面積が狭くなる場合もあります）……35　B. 東……6　C. 西……0

◆自由設計を望まれる方へお尋ねいたします。
1.設計料について
A. 費用がかかってもする。……4　B. 可能な範囲で行う。……20
2.内装費について
A. 費用がかかってもする。……4　B. 可能な範囲で行う。……19

◆15坪以上の広さをお望みの方へお尋ねいたします。資金はいかがされますか。
A. すべて自己資金……9　B .自己資金とローン……20　C. すべてローン……5

◆追加資金についてお尋ねいたします。
A. 100万……4　B.200万……1　C. 300万……9　D. 400万……0
E. 500万……4　F. まだ決めていません……21

◆駐輪場についてお尋ねいたします。（将来のことを考慮してください）
A. 必要なし……8
B. 必要あり（子供用含む）……30
その内訳：1台……13　2台……11　3台以上（　　台）……6

住民へのアンケート（※一部文意のままで表記を改めているところがあります）

委員長に就任しています。

小池さんは、この上作延第三住宅が最初に分譲されたときから入居している方です。私と同じ、サラリーマンとして長年勤め、東北や海外に住んでいたこともあり、その間、ここを賃貸に出していたこともありました。このときから、新しいマンションができるまで、苦楽をともにしていく盟友です。円滑化法の勉強会にも、最初から熱心に参加されていましたので、みんなから推される形で、準備委員会の委員長に就任しています。

小池五郎さん

続く7月13日には、山下研究所から建替え後の新しいマンションの基本構想案が提案されました。建物の模型とアンケートにもとづいて作成された5タイプの間取り図が提示され、マンションの全体の構想が一挙に見えてきました。住みなれた上作延の地に、今度はこんなマンションが建つのか……。この日参加した区分所有者25人は、建替事業が一歩一歩進んでいることを強く実感したと思います。
このような実際の形が見えてくると、ますます、「自分たちで建てて売る」という思いが強くなっていきました。

デベロッパーじゃないとダメだ

03（平成15）年9月7日、準備委員会役員会で、8月に実施したアンケートの結果を報告しました。その結果は、「建替え・条件付き建替えに賛成」が45戸、「修繕でいい」が2戸、回答なしが1戸というものでした。やはり、建て替えて欲しいというところでは、ほとんどの人が一致していたわけです。

しかし、各戸で用意できる資金が予定よりも少なくなりそうであることも明らかとなってきました。また、48戸それぞれが1戸ずつ、友だちや親戚に販売するという計画も、それほどすんなりといきそうにはない見通しになってきたのです。

つまり、私たちだけでは建設費用を用意できないことが徐々に見えてきたのです。

このときまで、山下研究所と川崎市役所建築審査課との調整の結果、新しい建物は建蔽率60％、容積率は200％。敷地面積3615㎡（1093・59坪）の土地に、建築できる建物の延べ床面積は1700～1900坪となっていました。

そこで、建物全部を自分たちで使うとすれば、区分所有者1軒あたり35～40坪の住戸が建築可能で、そのために必要な建築資金は1戸あたり3000～3200万円。合計の建築費は、約15～17億円と試算されていたのです。

それに対して、金融公庫から提示された融資の規模は、建築費の8割でした。

建築費が15億円だったら、融資額は12億円。残り3億円を、自分たちで出し合わなければなりません。そうなると1戸あたり約600万円の負担となります。

アンケートを取り、区分所有者一軒一軒訪ねて聞いた結果、やはり、600万円の負担というのは、どの家でも大変だったのでしょう。

このままでは資金が足りない。どうしようか……という迷いが出てきたときに、準備委員のなかから、事業協力者としてデベロッパーとも話をしようという意見が自然と上がってきました。デベロッパーを入れることで、金融公庫からの融資が使いやすくなり、個人の負担は軽くなります。また、高齢者世帯では、リバースモーゲージ（高齢者向け返済特例制度→188ページ）を活用できます。そして販売のプロが、自分たちのノウハウで売ってくれるので、建替事業が進めやすくなるというわけです。

これまでずっと、「自分たちで建てて売る」という方向でやってきましたので、この意見には私は正直、戸惑いました。ほかの委員の方も同様です。しかし、みんなが出せるお金がない、住宅金融公庫からの借入れだけでは足りないとなれば、仕方がありません。

ただ、だからといってすんなりとデベロッパーにお願いするわけには行きません。区分所有者のみんなは、「自分たちで建てて売る」と思っていますので、そういうことを言い出しても、私たち以上に戸惑うはずです。

そこで、協力を得られそうなデベロッパーを探し、ある程度の事業計画を立ててもらい、その計画を公表することで、納得してもらうことになりました。

結局のところ、私たちの建替えは、大手のデベロッパーであるD社が力を貸してくれて成功することになります。並大抵ではない努力をしていただき、その結果、同じ価格帯のほかのマンションとは比べものにならないグレードの高いマンションに住むことができるようになっています。

その結果には大変満足していますが、私は今でも、このときにもうちょっと、みんながお金のことにシビアになれたら、自分たちの力でできたかもしれないと思っています。

というのも、この二年後に、実際の建替工事に入った段階で、区分所有者のみんなから資金が集まってきたのですが、ローンを組むような人が意外と少なかったからです。このときは以前思っていた以上に、皆さん自己資金をお持ちだったということでしょう。それが、この時点で明らかになっていれば、本当に「自分たちで建てて売る」ことが、可能だったと思うのです。

もちろん、皆さんがこのときにお金を隠していたというわけではありません。「自分たちで建てて売る」という計画に賛同しながらも、まだできるかどうかわからない建替えのために、自分の財産を投入しようとは思えなかったのでしょう。「建替えはしたいけど、まだまだ賛成できない」という気持ちの表れです。いってみれば、それだけ合意形成は難しいということです。

ちなみに同じころ、原田さんが、大規模修繕をしたときの試算を発表してくれました。

建替えをせずに修繕で対応するためには、最低30年以上、良好な住空間を確保するための工事が必要となりますが、それだけのグレードで外壁や躯体、屋根、給水設備、地盤などを整備した場合、3～4億円はかかることになり、1戸あたり625万円の負担となる計算でした。

この結果を見て、修繕を推していた区分所有者も、ほとんどが建替えに賛成の意思を示すようになってきました。修繕であれ、建替えであれ、なんらかの対応が必要だということを理解してくれたのです。

デベロッパーX社が登場

こうして、デベロッパーとの交渉がはじまった一方で、建替え決議に向けた準備も少しずつ進めていきました。

10月には、建替組合設立に必要な書類づくりについて、川崎市役所の担当者と話し合いを行いました。

12月には住宅金融公庫のリバースモーゲージについての資料を、準備委員会の委員みんなで確認しています。それによると、融資の対象は60歳以上で、借入れの上限は1000万円。返済は、毎月2万1250円の利子（当時の金利）のみで、元金は相続人が返す仕組みとなっていました。

明けて04（平成16）年2月には、島野さんの紹介により、大手デベロッパーのX社を、事業協力者として組み入れることを決めました。

さっそくそれを、区分所有者に報告したのですが、自分もマンションを販売して、それなりの利益を得られると考えていた区分所有者からは、「それじゃ、私の権利はどうなるの？」という質問が出て、なかには怒り出す人もいましたが、それはなんとか説得できたと、そのときは思いました。

しかし、どうも後で考えると、このころからボツボツと、準備委員会のやり方に対して、一部の区分所有者から反対の声が聞こえてくるようになったのです。順調に進んでいるかのように見えた建替事業を軌道修正したことで、みんなに不信感を与えてしまったのでしょう。

それでも私は、最初からデベロッパーに依頼していたら、みんなが一つにまとまらなかったと思っています。「自分たちで建てて売る」という意識があったから、この後も、みんなが真剣になり、強く結束できたのです。

2月22日に開催された管理組合第2回通常総会では、円滑化法を意識したうえでの管理規約の改正や、建替え決議総会の開催などが承認され、建替えのスケジュールについて、大筋の合意が得られました。

デベロッパーを事業協力者として参加させることを聞いた、神奈川県住宅供給公社の原田さんは、「これでようやく建替えが実現できる」と、ホッとした気持ちになっていたようです。

そのX社は、全国で高品質のマンションを開発している大手の優良企業です。さっそく、これまでの経験にもとづいて作成した事業計画案を、私たちに提示してくれました。

合意形成の段階も2の「検討段階」から、3の「計画段階」へと入ったわけです。

そこでの私たちのいちばんの関心事は、なんといっても、自分たちの土地評価額です。これがどのくらいかで、私たちの負担する資金や、最終的な建物のグレードなど、すべてが左右されることになります。

X社から出された土地評価額は、1坪の原価が60万円で、土地の持分が1戸あたり22坪ですから1戸あたり1320万円の価値というわけです。

準備委員会が設立された当初、区分所有者のみんなには、等価交換した場合は従来の建物と同じく、1戸あたり15坪の面積が取れると説明していました。その後、準備委員会でシミュレーションしたところ、1戸あたり13・5坪です。

この値段で、X社が私たちから土地を買い取ってくれることになるわけですが、今後これを、1400万円～1500万円、そしてそれ以上の値段に上げていくことが、私たちの課題となります。

さらに、その他の条件も、あまりいいものとはいえませんでした。

その計画によると、新しい建物は全部で102戸あるものの、権利床と保留床とでは、間取りから設備まで、仕様がまるで違っていました。私たちが入るところは、温水洗浄便座も床暖房もないという貧相なものでした。

委員のなかには、これを見て怒った人もいました。しかしここからが、私たちの仕事になるわけです。

繰り返しますが、プロに頼まずに、自分たちでできることをやれば、その分のコストが抑えられて、この評価額も、部屋のグレードも上がっていくわけです。それが、円滑化法のマニュアルにもある「作業の積み重ね」で、私たち委員会全員の考え方でした。

そこで、X社には条件を再提出していただくことをお願いする一方で、私たちがどのような仕事をすれば、評価を上げていくことができるかを検討しました。

まず、その評価を上げるために持ち出したものは、山下研究所につくっていただいた設計図です。すでにこれに関しては約500万円の設計料を支払っていたので、それをそのまま活かすということで、本来なら1000万円強であるX社算定の設計料を、半分以下に下げてもらいました。もともとこのお金は、皆さんから預かってきた修繕積立金を取り崩したものです。それが有効に使われたことになりましたので、区分所有者の方も納得してくれました。

そんなやり取りもあったために、いずれはX社がかなりいい条件を提示してくれるだろうとみんなが期待していました。ちょうどそのころには、それまで底値だった地価も徐々に上がり始めていたので、このままますべてがいい方向に向かっていくはず、とだれもが思っていたのです。

X社との行き違い

建替えに反対する理由は、「高齢になったので、もうどこにも動きたくない」「修繕でもいいのではないか」、そして、お金の問題といったところです。

「修繕でもいい」という意見が、早い段階でなくなっていたことはすでに述べました。

そうなると、あとは「お金」の問題です。「高齢になったので……」という理由についても、お金の問題が解決できればなんとかなりそうです。高齢者なら、階段なんて上りたくありません。設備の整った、いい場所に住みたいと思っています。お金が借りられない、返済ができないという不安が解消されれば、建替えに賛成してくれるはずです。

そのために、リバースモーゲージも紹介しましたし、デベロッパーを事業協力者にして、資金を得やすくしてきたのです。

しかし、それでもまだまだ、区分所有者個々人のお金の問題が、解決されたわけではありません。

実はこの段階で、住宅ローンが残っていた人が何人かいました。新築当初に割賦販売で購入した人ではなく、あとから住宅ローンを組んで購入した人たちです。

ちなみに、上作延第三住宅の最初の分譲価格は400万円前後でした。その後、35年間で価格は大きく変動し、最も高かったときには、2900万円で売買されていました。しかし、建替えの検討をはじめたころは、600~700万円との評価でした。

のちに、建替組合では、権利変換には参加するが新しい建物には住まない人の住戸を引き取っていますが、その補償金は1700万円でした。普通に販売するよりは1000万円ほど得だったと、喜んで売ってくれた人もいました。

また、円滑化法のお陰で、ローンが残っていた人も、最終的には比較的簡単に抵当権の移行ができました。ただし、その交渉をする間、金融機関の担当者も円滑化法をよく知らなかったために、それを理解してもらうのに苦労しました。

しかしこの時点では、まだまだこれらの問題を抱えたままです。

そんななかで、04(平成16)年3月、X社の担当者は区分所有者の家を回り、個別の面談を行っていました。

それがどんな内容だったかは、詳しく公表されていないので不明ですが、資金面についてかなり深い話があったようです。

みんなの後日談によると、用意できるお金の額を話したところ、「それぐらいの資金じゃ買えませんよ」と言われた人もいるそうです。多分、個々の区分所有者の要望を聞き、それに対してどのくらいのお金がかかるのかを説明していたのでしょう。

これが、最初のX社とのズレでした。

私たちは円滑化法の組合施行で、建替えをやる方針でした。そこで、これからも自分たちでできることに取り組み、コストを抑え、家のグレードを高めていこうと思っていたのです。

しかし、こうして個々に資金状況を聞いて、それに「できる」「できない」といった判定を下すということは、あわよくば**等価交換**（↓185ページ）で建替えを進めようとしているのかもしれない、と思うようになりました。

さらにその個別面談を終えると、X社は、「区分所有者のなかに建替えに反対する人がいるので、それを解決するためにも、円滑化法の組合施行事業として建替えをやるという、管理組合総会の決議がほしい」と、準備委員会に要望してきました。円滑化法の組合施行で建て替えることをはっきりと決めてくれ、ということです。

それもそうだと思って、神奈川県住宅供給公社の原田さんに相談に行きました。すると原田さんの答えは、「その必要はないでしょう」でした。

つまり、その年の定期総会で建替えをやるというのは、もう決まっているわけです。準備委員会もできて、そのための予算も取っているので、改めてここで建替えをやるという決議をする必要はないということです。

もしそういう議題で総会を開き、反対意見が出てしまったら大変になる。これから先、必要な決議は、最終的な「建替え決議」である、というわけです。

それを聞いて、そのとおりだと納得しました。

X社にしてみれば、その決議によって、自分たちのポジションをはっきりさせたかったのでしょうが、これまで進めてきた合意形成が、一挙に崩れるようなことにもなってしまいます。今でも、このときの原田さんのアドバイスには、感謝しています。

このころには、私は原田さんを全面的に信頼していました。

管理会社の担当者として、定期的な建物の点検を進めてくれていましたが、建替えを想定して、それらをすべて、最小限のものにとどめてくれていました。階段に手すりが付けられたのは、ちょうどこのころです。

さらに原田さんは、円滑化法についても独自に勉強し、私たちにもアドバイスができる、心強い味方になっていました。

そんなわけで、この一件で、さらにその信頼関係は深くなったと思います。

しかし、すでにX社の依頼を受けて、5月に管理組合の臨時総会を開くことは決定していました。区分所有者の方も、招集していたのです。

そこで急遽、議案を変更し、「デベロッパーとの協定案ができたので、その協定を結ぶ場合には管理組合理事会に任せてください」という、少々、言い訳がましいような決議を行いました。

そういう決議はしたにもかかわらず、実際には、X社とは最後まで協定を結びませんでした。それがやがてX社との争いの種になっていきますが、それはまだ先の話です。

いずれにしても、このとき、X社との認識のズレが、ちょっとだけ浮かび上がっていました。

建替え決議が出る！そして……

建替え決議で決めるべきことは、
1　新たに建築する建物（再建築物）の設計の概要
2　建物の取壊しと再建築物の費用の概算額
3　そのための費用の負担に関すること
4　再建築物の区分所有者の帰属に関すること
です。

1の「設計」はすでにできているし、2の実際の「費用の概算」もほぼできています。3の「費用の負担」についても、まだ完全に納得していないところはありましたが、ほとんどの方は、建替えそのものには賛成ですし、お金がない人も、評価額を上げるための努力を今後やっていくということで合意していますので、もう、建替え決議を採れる段階まで来たといえます。

そこで、原田さんのアドバイスもあり、建替え決議を採決することを決めました。その日は、04（平成16）年7月25日です。

建替え決議をするためには、総会の2ヵ月前に、詳しい議案の内容を示した議案書をつけて区分所有者を招集し、1ヵ月前には説明会を開催する必要があります。そのための資料の作成を原田さんにお願いしました。管理会社の立場としては、この資料作成は本来やるべき業務以外のことかもしれませんが、独自に資料を集め、円滑化法に詳しくなっていた原田さん個人の好意に甘えることにしたのです。

その手順に沿って、5月21日までに招集通知を送付し、6月20日に説明会を開きました。それに向けた準備委員会の会合では、建替組合設立後には、X社には、参加組合員となってもらうことを委員の間で合意しています。

そして7月3日には、賃貸住居の方々に現在の状況説明と今後のスケジュールについて説明しました。建替えとなると、賃貸の人たちには、立ち退いてもらわなければなりません。反対意見もあることでしょうから、納得するまでじっくりと話し合う必要があります。場合によっては、激しい意見のやり取りになることも予想していました。

しかし、これが意外とすんなりいきました。賃貸で住まわれているほとんどの方が、快く建替えに賛成してくれて、立退きに応じてくれることになったのです。というのも、常日ごろから、自治会の会議や清掃のときに、建替えの状況を説明してきたからです。

これにはホッとしました。このまま順調に建替え決議まで進められる……と思ったのですが、その直後、ちょっとした問題が起きました。

7月7日、「建替えには賛成するが、X社のやり方に反対する」といった意見書が、一部の区分所有者、ほんの数名から提出されたのです。

理由は、X社の算定した評価額が低いということです。

前にも紹介しましたが、この時点での坪あたりの土地評価は、60万円程度。しかし、道路を隔てた向かいの神奈川県の土地を、マンション業者がかなり高額な値段で落札したという情報を、どこかから聞きつけたようです。

確かなことはわかりませんが、倍近い差があったという情報もありました。それと比べて、評価額が低いというのは、私たちにはつらいものでした。それを上げるために、私たちががんばっているということをわかって欲しいという気持ちになりました。

そこで準備委員会では、「更地であった近隣の土地と、居住者がいて解体もされていない土地の評価額が違うのは現時点では妥当」と回答し、それをきちんと説明するための場を7月19日に設けたのですが、1名の出席者もありませんでした。これにはちょっと残念な気持ちになりました。

あとで知った話ですが、このとき、意見書を出した人は、準備委員会の委員を除く区分所有者の家を一軒一軒訪ね、「建替え決議に反対してください」とお願いしていたようです。

そして7月25日、建替え決議のための管理組合臨時総会が行われました。

管理組合員48名のうち40名が出席。議決権行使が4名、委任状4名。決議の結果、建替えに賛成41名、反対5名、棄権2名で、見事に5分の4以上の賛成を得て、建替え決議は可決されました。正式に建替えが決まった、歴史的な瞬間でした。

討議の時間は2時間弱。反対意見もありましたが、それはほとんどが値段の問題で、建替えという大枠では、みんなが一致していたということです。

建替え決議可決の次に行うことは、決議に賛同しなかった区分所有者に、建替えそのものに参加するかどうかを決めてもらうことです。

その回答が出たあと、賛成した区分所有者と、参加しなかった区分所有者から区分所有権や敷地利用権を買い受けた指定者（今回の場合はデベロッパーX社）とともに、建替組合を組織します。そして、定款を作成し、組合を正式に発足させ、権利変換を行って……といった手順で進んでいきます。
その後の経過を簡単に示すと、次のようになります。

8月2日　建替え決議に反対または棄権した区分所有者に、参加の意思を確認する催告書を送付
8月9日　川崎市に事業計画や定款をチェックしてもらう
組合設立の同意書には、建替え合意者の4分の3の同意が必要であることを再確認
組合設立の承認には2ヵ月ぐらいかかるとの回答をもらう
8月29日　建替え決議に賛成した区分所有者向けに定款と事業計画書の検討説明会を開催
組合設立のための同意書を提出してもらう
9月11日　建替え決議に反対した3名の区分所有者からクレーム
「決議のあと、建替えに賛成したが、同意者として扱ってくれないのはなぜか」と。それに対して、「同意書は、賛成した人のなかから4分の3集まればいい」と説明
その3名も、建替えに参加することになる
9月14日　私と、小池さん、菊地さん、松井さん、井口さんの5人が建替組合設立発起人となり、設立申請書類を作成することが決定
9月18日　管理組合の臨時総会
管理費と修繕積立金の徴収廃止、清算問題などについて決議

次はもう住居決めの抽選……という段階まで進んできたのですが、まだX社との事業協定は結んでいません。それとは別に、もう一つの問題も出てきました。

近隣との問題も浮き上がる

マンションを建設する場合、近隣対策は、一つの問題です。建替え決議の前後から、私たちにもその問題が降ってかかりました。

まずは、看板の問題です。

建替え決議の少し前、建物の道路側にX社の名前でどんな物件が建つかを表示した看板が立てられました。施行者の欄はX社のみで、私たち管理組合の名前も、準備委員会の名前もありませんでした。そしてこのときまで、X社は施行者のことを近隣へ一切説明していません。

これを見た近隣の人たちは、私たち全員が、すべての土地と建物を手放し、X社が単独で施行をしているように思い、私たちのもとに「やめてください」とクレームをつけてきたのです。

これには、本当に困りました。まだ建替え決議も出ていないわけですし、円滑化法の適用を受けた組合施行になるわけですから、施行者のなかに私たちの名前がないのはおかしいというわけで、その事情を、クレームをつけてきた人たちに説明しました。

そして、水害の問題です。建設予定地の東側の道路は、過去に何度も、雨水排水溝から雨水があふれ出していますす。

事業計画では、駐車場の出入り口をその道路側に新たにつくる予定でした。その道路よりも高いところに歩道があったので、歩道を下げる工事が必要となります。すると従来の排水溝の排水量が減少するので、敷地内の排水溝を広げる工事が必要だとX社から提案されていました。

X社は、これを何回か近隣の住民に説明しているはずでしたが、なかなか理解されていなかったのでしょう。建替え決議直前の7月20日に、近隣住民からの要望書がX社とゼネコンに届きました。今までも水の災害があったのに、排水溝を狭くしてしまったら、ますます心配だということです。

そこで、私たちは、その住民の方に直接会いに行きました。

これまで30年以上住んできたところですから、顔見知りの方、親しくお付き合いをさせていただいた方が何人もいます。そんな人たちは、私たちの顔を見て、ちょっとだけ表情が変わりました。そして、「私たちはほかに出て行くのではない。みんなここに戻って来て、これからも住み続けます。道路や水の問題も、私たちと一緒になって、行政に対して働きかけて、いい形になるようにしましょう」と説明しました。それを聞いて、大分、安心されたようです。

実はこの件では、行政も難色を示していました。

道路に関する部署から、「地元から、排水溝のことで心配する声が出ているので、建替組合が進める下水工事の承認はできない」と言われたのです。

そこで、市役所に出向き、「歩道を下げる工事をやると、排水溝の心配が出るというわけではない。もともと排水が悪い地域だから、排水が問題になる。まずは、それを徹底的に調査してください」と訴えました。そして、近隣の住民と一緒になって考えていくという姿勢を示した結果、役所からは許可が出るようになりました。

もう一つ、近隣問題とはいえませんが、提供公園の問題がありました。川崎市には、新規マンションの建設時に、敷地の6％を公園として市に提供するという条例があります。今回の場合も建替えとはいえ、新規のマンション建築なのでその敷地の提供が適用されるというのです。しかし、円滑化法による建替事業で、6％を無償で提供するのは大問題です。ざっと、住戸4戸分に相当しますので、それがなくなると、全体の評価額が大きく変わってきます。

そこで市と交渉し、建替え決議前の6月には、提供公園の代わりに、同等の環境空地を設定することで、提供は不要ということで認めてもらいました。これは、後々まで、事業の効率を大きく上げることとなりました。この土地があることで部屋を広くすることもできます。私たちにとっても、デベロッパーにとっても、メリットが大きいはずです。それを、準備委員会のメンバーが市役所と交渉して、実現させたわけです。

こうした行政折衝も普通なら、X社が先導して進めるべきことです。しかし私たちは近隣対策、行政対策を、こうして進めてきました。何度もいうようですが、それが、円滑化法の基本だからです。近隣対策は、これで終わったのではなく、まだまだこれからが本番です。

しかしこのころになると、徐々にX社のやり方に不信感を抱く人も出てきたのです。

引っ越しも完了……しかし

正式に建替えが決まったとなると、居住者の関心は、取り壊して建替工事が終わるまでの、仮住まいへの引っ越しへと移ります。

みんなの間では、早い段階からこの話題が出ていたので、自分から住むところを見つけ、引っ越し業者を呼んで見積を取り、退去日を設定する人が出てきました。

9月の管理組合の臨時総会で、修繕積立金が廃止され、区分所有者に戻されることが決まっていましたが、その一部を引っ越し費用に充てたいという要望が増えたので、10月には、区分所有者全員に100万円が戻されました。

10月17日には、新しい建物のどの住戸に住むのかを決める抽選会も行いました。住居選定はデベロッパーが販売しやすく、また、区分所有者も設計変更しやすい縦割り方式を考えました。半年ぐらい前から、時間をかけてアンケートを取り、抽選のルールを決めてきましたので、とくに大きな問題は起こらず、ほとんどの方が納得する形で、新しい住居を決められました。

決め方は簡単です。設計図に沿って希望を出してもらい、第1希望が単独の場合は決定。第1希望が重複した場合でも、第2希望が単独のときには、そちらへの変更を認める。それでも第1希望が重複している場合は抽選、といったように決めていきました。抽選会に欠席した人でも、希望住戸が重複していない場合は、優先権を与えました。

その結果、第1希望でそのまま決定した人が23人、抽選で第1希望に決定した人が8人、第2希望が抽選で決定した人が7人。この日決まらなかった人が5人でした。残りは、4人の売却予定者と1名の最後まで建替えに反対していた方です。この日決まらなかった5人については、11月3日に改めて抽選を行いました。

10月末には、自治会が正式に解散しました。10月3日に行われた最後の総会では、自治会会計の分配、自治会の所有物（倉庫と清掃用具等）の処分方法を決めました。草刈りがきっかけではじまり、30年近くマンションの自治を行ってきた組織が、その役割を終えたのです。この自治会組織があったからこそ、管理組合、そしてこれ以降の建替組合への道筋があったと思います。

このころX社と、雨水排水溝の改修工事の許可が市役所から下り次第、解体工事に入ることを協議し、そのスケジュールを決めました。解体工事は、12月15日～20日に始まり、05年2月に終了。その後、約13ヵ月で、新しい建物が完成する予定です。

ようやく、建替えが現実味を帯びてきたのです。いよいよ、長年住み続けてきた上作延第三住宅が取り壊されます。

その決定が伝えられると、いちばん早い方は11月8日に仮住まいへと引っ越して行かれました。それを皮切りに、みんなが次々と引っ越していきます。実はこの段階で、まだ、大切な権利変換の手続きが済んでいません。それでも、皆さんの気持ちは、一刻も早く工事を着工し、全員が元気でいるうちに、新しいマンションに帰ってくることを目指したのです。

12月8日には、組合事務所として使用する島野さんのお宅を残し、私も含めてそれ以外の方はすべて引っ越しました。上作延第三住宅は、取り壊しを待つ人のいない建物となったのです。

このときだれもが、2年後の春ごろには、新しいマンションに帰ってくることを信じていたのです。

しかしすでにこのとき、そのスケジュールがそう簡単には進まない困難が持ち上がっていました。

建替え決議に反対、または棄権した人は7人です。そのうち6人は、そのまま住むのか、自分の権利分を売り渡して他に移るのかは別として、建替え決議後に、建替えには賛成してくれることになりました。

残りの1人が、まだ、納得してくれません。

11月3日の準備委員会では、その方への対応が遅れていることが問題になりました。X社の説得だけでは、売却に応じてくれないので、私たちも、説得に協力することにしました。しかし、それがなかなかうまく進みません。すでにこの方は、ほかの場所に転居されていたので、11月20日には、島野さんが転居先を訪れて説得したのですが失敗。続く25日には、X社も含めて会う予定でしたが、会えずに終わりました。

それに合わせて、改めてX社を「買受指定者」とする合意書を作成し、送付しているのですが、一向に効果はありません。

そんな不安を抱えるなか、12月8日に市役所から、組合設立申請書に対して意見書が出たとの連絡が入りました。だれが出したかは明らかにされませんでしたが、その内容は、土地の評価額が2年前の価格であるという、評価額に対する不満のようでした。ここにいたるまで、何度も出てきた、評価額の不満が、また問題となったのです。

そこでもう一度、X社に評価額の提示を求めました。

12月13日、X社から鑑定書が提示されましたが、驚くことに、その数字は以前と同じでした。これには私も含めて全員が不満でした。居住者が住んでいたときと、全員が引っ越しているこの時点との評価額が、同じであるはずはありません。

居住者を立ち退かせたというのは、私たちの作業です。また、例の6%の公園用地の提供についても、私たちが市役所と交渉することで解決しています。それによって、提供する土地がなくなったのだから、その分、もっと高い評価があっていいはずです。円滑化法のマニュアルによると、私たちが自分でできることを積み上げることが、評価額を上げることにつながるはずです。

それがまったく理解されていないのですから、一部の委員からは、「デベロッパーの対応はわれわれを軽んじる行為だ」という声が上がりはじめました。

そこで、管理組合として、不動産鑑定書を作成することを決めました。

12月中旬になると、準備委員会のなかで、「別のデベロッパーにお願いすることも考えたらどうか」という意見が出るようになりました。

確かに、それも一つの案として、私も考えるようになっていました。

しかしこれは、そう簡単な問題ではありません。普通に考えれば、デベロッパーを替えれば、工事のスケジュール全体が遅れるでしょう。みんな、この時点では仮住まいに家賃を支払って住んでいます。それが長引けば長引くほど家賃はかかります。

それでも有利ならば、権利を行使してデベロッパーを変更してもよいのではないか、新しい提案が出たときには、現デベロッパーにも対応を依頼し、その結果として入札を考えたらどうかといった話が繰り返されるようになり、ときには議論も堂々巡りになり、煮詰まっていました。

しかも、12月に入ってすぐに行われるはずだった建物の解体工事が、なかなかはじまりません。その一方で、X社は、自分たちの持分となる住戸の発売計画を立て、モデルルームをつくって、販売準備を進めています。

これが明らかになったとき、さらにはっきりとX社に不信感を持つ人が多くなりました。

そこで、別のデベロッパーとも接触して、意見を聞いてみることを決めました。そこで選ばれたデベロッパーがD社です。

年末の12月23日に、準備委員会の会合を開き、翌24日にはX社との話し合いの席を設け、その足で、D

社の事務所を訪問しました。そして12月25日に全体集会を開き、X社とのいきさつの現状を区分所有者に説明し、改めてX社と話したことを報告しました。

このころみんなは、近いところで市内の高津区や宮前区、または東京都内や横浜周辺へ、遠い人は千葉や群馬に引っ越していました。準備委員会の委員長を務めた小池さんにいたっては、宮城県の仙台です。

そのために、連絡網をつくって連絡を取れるようにしてはいましたが、大事な話があるときは、私はできるだけ直接、一軒一軒の家を訪ね歩き、資料や招集状を手渡しするようになっていました。

第3章 課題山積の建替組合

新デベロッパー、最初は当て馬

建替決議が可決され、みんなが仮住まいに引っ越して行った04（平成16）年12月の段階で、なによりも優先してやらなければならないのが、建替組合の設立です。

しかし、それより前に、デベロッパーであるX社への不満が募ってしまい、これを解決しないことにはどうにも先に進めない状況になってしまいました。

そこで、暮れも押し詰まった12月24日、私たち準備委員会の委員3人は、初めてX社を訪問したことは、前章でお話ししたとおりです。

その席では、これまで不動産評価額が変わっていないことや、工事の見積もり書類等が提出されないことについて、説明を求めました。それに対するX社の返答には、かなり驚かされました。

「自分たちの評価額は正当である。工事の見積書類等は、デベロッパーとゼネコンとの間で取り交わされるものなので、そちらに提出する必要はない」とのことです。

何度もいうように、今回の建替えは、円滑化法による組合施行です。組合が事業者であるわけですから、組合の承認なしには、工事が発注できません。それなのに、書類を提出しなくてもいいというのですから、X社は円滑化法を理解していないのではないかという不信感がますます強くなりました。

それ以上その席にいることも、いたたまれなくなった私たちは、途中退席するような形でその場を後にして、新しいデベロッパーの候補である、D社の本社を訪問しました。

しかし、私たちはこの時点ですぐにX社からD社へ乗り換えると決めていたわけではありません。あくまでも、他社の場合はどんな対応をしてくれるのかが知りたかっただけで、場合によっては、入札も考えるという、当て馬のようなものでした。

D社側の受け止め方は、「立地としては魅力的なので、そういう話であれば、ぜひともやらせていただきたい」というものでした。

今後、この事業の中心となっていく再開発部門の責任者である堀江貴之《ほりえたかゆき》さんは、最初は、円滑化法の経験がなかったために、本当にそのやり方で建替えができるのかどうか、疑問を抱いていたようです。しかし、急いで円滑化法を勉強し、私たちが提出した事業計画に目を通したところ、「これならやれる。おもしろそうだから、ぜひ、やりたい」と確信したそうです。

余談ですが、この部署は現在ではD社における再開発やマンション建替えの専任部隊となっていますが、そうなったきっかけは、このときだったようです。

明けて05（平成17）年1月。もう一つ驚くべきことが発覚しました。

建替組合設立のために川崎市のまちづくり局を訪問したとき、X社からすでに建築確認が申請されていて、認可が下りていることを、市の職員から初めて知らされたのです。

管理組合にも、準備委員会にも、何も報告されないままに、建築確認まで申請しているとは……それこそ、あり得ない話です。さらにX社への不信感が深まりました。さっそく、準備委員会でその対応を協議しましたが、委員の全員が、「X社には組合施行の認識が感じられない」との考えで一致しました。

その数日後に、X社から設計図面、仕様書等のコピーが役員に提出されましたが、私たちはそれだけでは納得できません。建築確認書については、表紙のみしか提出されていなかったのです。

そこで、X社の評価額が今までと同じである限り、不信感が解消されない限り、デベロッパーを入れ替えることをはっきりと決め、そのためのデベロッパー2社によるプレゼンテーションを、1月30日に設定しました。

役員会としては、まだその時点では、X社の評価額がD社よりも低かったとしても、それなりの評価額が再提出された場合には、X社にそのままお願いするつもりでした。これまで一緒にやってきたわけですから、このような形で切り離すようなことはしたくなかったのです。

このとき、D社の担当者の人たちは、私たちの気持ちを察して、大急ぎで円滑化法を勉強し、それに沿った事業の進め方を検討していたようです。

一方で、1月27日に、川崎市からマンション建替組合の認可が下りました。

組合設立には建替えに合意した5人以上で定款と事業計画をつくる必要があります。この作業は5人の区分所有者が行い、定款にはX社を参加組合員とすることも記載しました。しかし、参加組合員となることについて、X社との間で協定等は結んでいませんでした。

実はこの年明け早々に、私は会社に退職願を提出しています。3月に、正式に会社を辞めることになります。第一線の営業マンとして、まだまだ働ける立場でしたが、定年も近かったので、決心したのです。

そしてもう一つ、同じころに、90年代から建替事業を進めてきた松井克允さんがお亡くなりになられました。準備委員会の役員として尽力されて、仮住まいに引っ越しし、いよいよこれからというときに、新しい建物の完成を見ずに他界されたことは、大変残念でなりません。松井さんの遺志をしっかり受け継いで、この建替えを成し遂げようと改めて決意しました。

プレゼンテーションで方針決定
——建替組合設立

1月30日のプレゼンテーションで、X社とD社はそれぞれ条件を提示しました。

私たちの期待を裏切って、X社の評価額は、2年前からあまり変わっていない1400万円でした。ちなみに、最初は1320万円でしたが、例の提供公園が不要となったことで、1400万円となりました。これは明らかに、私たち準備委員会の努力の賜物です。そのようなことをどんなに追及しようとしても、「すでに条件は提案済み」の一点張りです。

円滑化法で事業をやる場合は、組合設立認可がなされた公告の日から30日が経過した日が評価基準日になることが定められています。03年に最初の評価をしたのならば、05年まで2年間の間で、評価は上がっているはず。第三者鑑定で、きちっとした公正な評価をする必要があります。それなのに、1400万円では、円滑化法の組合施行でやる意味がありません。

それに対してD社の評価額は1700万円で、300万円の差が出ました。

不動産の鑑定評価とは、意外とあいまいなものです。依頼者から「この金額で出してほしい」と言われたら、その金額に合わせるための理屈を、あとからつくることもあるので、それなりの幅があるものです。ですから、一見、1400万円と1700万円の差は、許容範囲内にも思えるでしょうが、当時の地価の動向から考えると、2年前の1400万円から、変わるのが当たり前です。

しかも2年前は、まだ建替えができるかどうかわからないので、その時点で中古市場に出したときの額にしかなりません。建替え決議が可決されれば、更地と同じ評価ができます。たとえば、中古市場に出しても、古くて1戸800万円くらいでしか売れないものが、建替え決議が可決され、何階建てかのマンションが建つことになると、本来の市場で通用する更地の評価と同じになるはずです。

そこに、私たちが積み上げてきた努力がプラスされるわけですから、どう考えても、納得できるはずがないのです。

というわけで、新しいデベロッパーとして、D社に事業のパートナーとなってもらうことで、全員が一致しました。

しかし、それが簡単にできることかどうかはわかりません。参加組合員（事業協力者）の変更は、円滑化法のマニュアルにはありません。法律をつくった人でも、想定外の出来事だと思います。すでに市役所に提出している定款を変更することも必要になり、面倒な手続きが増え、事業そのものも大幅に遅れることが予想されます。

それでも、X社とこのまま事業を進めることの不安の方が、計り知れないのです。

そこで、早急に、2月6日にマンション建替組合の設立総会を開くことに決め、総会議案の検討をはじめました。

そして2月4日、X社とゼネコンに、デベロッパーを変更することをお伝えしました。とくに、デベロッパーとして、「合意形成のために、私たちに何をしてきたか」「建替え決議に向けて何をしたか」「円滑化法による建替えについて、どのような体制で取り組んできたか」の3点について、強い疑問を抱いていたことを告げました。

それを聞いたX社が困惑したことはいうまでもありません。その翌日には、早くもX社から、その決定に異を唱える意見書が送られて来ています。

さらにこの日、建替組合設立総会の通知を階段ごとにつくっておいた連絡網を使って、区分所有者の人たち全員に、電話でお知らせしました。

本来、建替組合の設立総会は、5日前までに通知を出すのがルールですが、このときは、「緊急の場合は、2日前までに出せばいい」という特別ルールを適用しました。それだけ、建替組合の設立を急いでやりたかったのです。

このとき、X社にもこの「2日前ルール」を適用して、ギリギリのところで書面を出しました。このことも、のちのちの係争の論点になっています。

そして総会当日、役員選出と参加組合員の変更（X社からD社へ）、それにともなう事業計画の変更と、定款の一部変更などが審議され、建替組合が正式に発足しました。賛同していただけたのは46人。この人数は私にとって、今後大きな支えとなっていきます。私は、まだ管理組合の理事長を務めていましたので、建替組合の理事長は島野さんにお願いしました。事業協力者であるD社も、組合の一員となりました。

毎週の理事会といくどと開催された建替組合総会や全体集会で、管理組合理事の松井桃代さんが記録した録音テープは、その後の資料作成に役立ちました。準備委員会や全体集会での録音について、一度はもめることがありましたが、行政担当者と管理委託会社担当者の見解を得て組合員に了解を得ました。

書類は提供しない
——一からやり直し！

デベロッパーが変更になったことで一番心配だったのは、スケジュールの遅れです。

これまでの事業計画は、X社が作成してきました。すべてがX社仕様となっているわけです。それをもう一度、D社とつくり直すことからはじめなければなりません。ほとんど振出しに戻ったといえます。

すでに、区分所有者の皆さんは上作延第三住宅を引っ越して、めいめいの場所で仮住まいをしています。一日も早く、この場所に帰ってきたいと思っているのですが、それがいつになるのか、さっぱりわからない状態になってしまったのです。

ですから、早く、事業計画をつくらなくてはなりません。そのため、X社の計画で、引き継げるところはできるだけ引き継ぐべきです。その計画は、私たちが主体となってつくってきたものだからです。

そこで建替組合では、X社に「継承事項がある場合は、提出して欲しい。組合としては精算する意思があるので、引き渡してくれたらその対価を支払う」といった書面を送りました。

もちろん、事業から下ろされた格好になっているX社が、この要望にすんなりと応えてくれることは、期待していませんでした。

ですから、すべてを一からやり直すつもりで、急がなければなりません。2月20日には、組合とD社が正式に協定を取り交わし、事業計画づくりに取りかかってもらいました。

しかししばらくの間、X社からの返答はありません。どうしたのかと思っていたら、川崎市から連絡がありました。どうも、X社は、川崎市の担当者に接触していたようです。それ以前に、私たちが市役所のまちづくり局に、デベロッパーを変更する経緯を説明したとき、「もめずに、円満にやって欲しい」と要望されていました。そこで、市として、話し合いの場を設定する方向で動いてくれることになったのです。

そしてこのころ、組合ではなくD社の方に書面が届いていました。その内容は、「X社が正当な参加組合員である。成果物の継承はしない。成果物の著作権・所有権はX社にある」というものでした。設計図や登記関係の書類、役所への申請手続きなどは自分たちのものなので、渡さないということです。

これを見てD社の担当者は、いずれ、損害賠償の請求も来るかもしれないと思っていたようです。

3月21日、建替組合の臨時総会が開かれました。

X社が成果品を引き渡さないので、新たに組合で発注しなければなりません。そこで組合の発注規定を定め、設計、施工、解体、地質調査、測量、B／C評価（ビーバイシー＝費用便益分析）、建替事業賠償責任保険などの委託業者の選定や発注を、総会を開くのではなく理事会で決議して行うことにし、一任することが議決されました。

この日、同時に、管理組合の消滅総会も開かれました。

3年前、築35年目の管理組合として設立されたばかりでしたが、早くもその役目を終えたのです。3年前に、建替えを目標に理事長に就任した私は、その目標が半分も達成されていないことを確認し、これからまだまだ続く建替事業を、最後までやり遂げることを、改めて決意しました。

やり直しは、事業計画だけではありません。役所への申請手続きや住宅金融公庫への手続き、そして、B／C評価もやり直しです。

B／C評価とは、公共団体から補助金をもらうための根拠を測定する基準のことです。たとえばマンション開発事業に1000万円の税金を投入したら、それがどういう経済効果を生むかを算定します。新しいマンションができれば居住者が増え、固定資産税の税収が上がり、周辺の飲食店などの売上げが上がるといった経済効果が生まれますが、その判定値が1・0以下だと、1000万円分の効果が上がらないので、補助金は給付できない。1・1や1・5といった数値が出れば、1000万円の税金を投入しても、それなりに経済効果があるので、補助金を出してもいいことになります。そういう測定基準です。

これは、事業規模や資金計画を提出すると、㈳市街地再開発協会が算定してくれるものですが、それだけでも100万円程度の費用が必要となります。しかも、X社がすでに一度行っていましたが、再調査となったので、なかなか結果が出ません。

住宅金融公庫からも、「X社から申請されて、いったん承認されている事業なので、申請者（X社）から取下げをしてもらわないと、公庫のシステム上対応できない」と言われています。

ちなみにこの事業で、X社に申請者となってもらうことは、正式にはお願いしていません。権利義務を取り決めた書面も取り交わしていないのです。勝手に申請者になられると、組合から別の申請を出そうとするとき、受け付けてもらえないようなことにもなります。こういうところにも、X社では事業が進められないという不安材料があったわけです。

とにかくもう一度、D社から建替組合に派遣されてきた事務局スタッフに、最初からやり直してもらうことになったのです。

問題を抱えながらも、事業は進む

「X社とは、もめずに円満にやってほしい」と言っていた市役所が、3月28日に、話し合いの席を設けてくれることになりました。

市役所の15階の会議室で、市の担当者に対して、X社の担当者と私たちが同席して、お互いのこれまでの経緯を説明して、それぞれの言い分を話しました。

とくに、市役所からは「成果物の引渡しはあったか」という点について詳しく聞かれました。私たちは「ない」、X社も「引き渡さない」と答え、それについてのそれぞれの言い分を話しました。

相変わらず、X社は、「事業計画は当社の著作物」と主張し、それに対して私たちは、「それは建替組合（設立以前は管理組合や準備委員）がつくったもの」と言ったのですが、それは理解してもらえませんでした。著作物というのであれば、元になっている最初の設計は、私たちが山下研究所に依頼してつくってもらったものであるはず。そのあたりの考えが、どうもズレているようです。

結局、調停の場ではないので、市役所側としては、「お互いでもっと話し合ってください」というものにとどまって、お互いの主張は平行線のままでした。

それでも、前進したことはありました。

このとき、私たちのやり方に反対している組合員、つまり、「D社よりもX社で事業をやるべきだ」と思っていた方数名も、ここに同席していました。私たちの言い分を、一応は納得してくれたようです。

しかし、X社とのもめごとは終わったわけではありません。

3月31日には、X社から市役所に、組合設立総会の異議申立ての書類が提出されました。そして、市の方から「これを取り下げないと、定款変更申請は受理できません」と言われました。

というのも、この間、2月6日に設立総会、2月20日に臨時総会、3月21日に第2回臨時総会と、次々に総会を開いていましたが、組合からX社へ案内は出していません。これをX社から指摘されたのです。まだ正式に、参加組合員から外すということで合意されていたわけではなかったのですから。

さっそくD社の顧問弁護士に相談したところ、「定款変更の認可が下りるまでは、案内状を出すべきだった」との回答でした。そこで、定款変更手続きの認可が下りたあとで臨時総会を開き、これまでの総会の議案を追認してもらう形をとることにしました。

そのため、4月13日の総会で、X社からD社へ参加組合員を変更することを組合員に承認していただき、それによって市役所としての名目が整ったので、4月20日に、事業パートナーをD社とする定款変更が認可されました。さらに4月29日の総会で、これまでの議案を追認したことで、正式にD社が参加組合員となったのです。

これによって、X社から市役所に提出された組合設立総会の異議申し立てを、取り下げられるようになったのです。

その一方で、建替事業は着々と進みました。

組合が設定した新たなスケジュールによると、6月ごろまでには新しい設計図ができて、確認申請を提出。解体工事を10月中に行い、10月末には新しい建物の工事を着工予定でした。実際には、確認申請が下りたのが8月で、11月27日が起工式でしたから、約1ヵ月の遅れで進むことになります。

そんなとき、どうしても納得できないX社は、独自のスケジュールを設定し、自分たちがつくったモデルルームで、組合員に対する説明会を開くことを知らせてきました。もう一度自分たちの主張を、組合員に聞いてもらおうというわけです。

その説明会は4月24～25日に行われました。

組合としては、「出る必要なし」との判断でしたが、それを言うと圧力になってしまうので、一応、自由参加という形にしていました。これまでの事業に不安があった人、まだ私たちのやり方に賛成できずに、X社で事業を進めるべきだと考える人が出席しました。

組合員が私たちのやり方に反対する理由は、今にして思うと、それほどたいしたものではなかったようです。X社の担当者と直接つながりがあって、「私たちとやってください」とお願いされていたり、組合の理事のだれかが、D社から何らかのリベートをもらって、それで事業者を急に変更したと勘ぐっていたりといったようなものです。

このときの話し合いのなかでも、ある組合員の方がある理事を名指しして、その方とD社の間に、特別なお金のやり取りがあったはずなので、それを白状しろと、強い口調で言いはじめる場面もありました。その方が言うには、X社とD社との評価額が300万円も違うのは、裏取引があるからではないかと言うのです。

それは、ずいぶん変な話です。仮にそうだとしても、組合員にとっては、300万円高い評価額の方が、組合員に対する還元率は高くなって、自分にも利益があるわけですから。

そもそも、D社は高く評価してくれているわけですから、X社も、組合設立に異議を申し立てるといったようなやり方や進め方で文句を言うよりも、最初から値段で勝負すればよかったと思います。仮に、組合員のだれかとD社の間で、そのような裏取引があったとしても、X社がD社よりいい評価をしていたら、ほとんどの人がX社に流れるはずです。

それでも反対意見の人たちも、早く建替えを進めたいということでは一致していました。ここまで、そしてこれ以降も、何度か、反対意見を持っている人やX社とのもめごとが起きるのですが、総会を開けば必ず、どんな議案も可決されます。

4月24～25日の説明会には、D社のメンバーも出席したのですが、X社の担当者と組合施行のやり方云々について、ちょっとした言い争いが起きました。それをずっと聞いていたある組合員の方は、そのやり取りを見ながら、「X社は私たちになんにもやってくれていないことがよくわかりました。D社は白馬の騎士です」と思ったようです。そんなレポートを、のちほど組合に提出してくれました。

この説明会を受けて、5月11日に組合の全体集会という形で、意見交換会を行いました。

組合員27名の他、D社、X社、ゼネコンの担当者が参加しましたが、相変わらずX社からは、「事業から外された理由がわからない」との言い分が繰り返され、私たちは「X社は円滑化法による組合施行のやり方と組合員の気持ちを正しく理解せずに、等価交換方式で進めようとしていた。組合が関知しない重要な手続きが一方的に行われている」と説明しました。

私としては、もうそろそろこのことは終わりにしたい。早く建替事業を進めたいと思っていたのですが、X社とのいざこざは、まだまだ終わりそうにもなかったのです。

反対派とは和解、そして……

05（平成17）年の3～5月にかけては、毎日のようにX社とはなんらかのやり取りがあって、組合の内部にも反対の意見を示す人がいて、本当に大変な時期でした。

このころは、毎週水曜日が定例の組合の理事会です。その準備のために、前日の火曜日には、組合理事と事務局員（D社から派遣）が集まり、事務局会議を開いていました。そんなわけですから、D社の堀江さんをはじめとする事務局の人たちとは、始終一緒にいる毎日でした。

堀江さんに当時の心境をうかがったところ、本音では、かなり気持ちが重かったそうです。

携帯電話を常にマナーモードにして、音が出ないようにしていたというのです。というのも毎朝6時ごろ、反対意見の組合員から電話があって、「X社の話も、もっと聞いてやれ」というようなことを長々と言われていたそうです。それは確かに、つらいと思います。しかし、その反面で、「住んでいるところがバラバラで、次から次へといろんな問題が出てくるのに、それによく対処している。強い結束力を感じました」と話していました。

私たちにしてみれば、すでに家を引き払っているわけでして、一日も早く建替えを終えて、上作延に帰りたいという気持ちがあったのです。

一方で、X社の方では、自分たちに賛同してくれる人の家を頻繁に訪問したり、文書を配るといったかく乱作戦も行っていました。

先ほど話しましたように、X社がそのような努力を行っているにもかかわらず、総会を開くと、必ず議案は可決されます。X社としてはそれが誤算だったのでしょう。私としては、必ず今のやり方で建替えは成功するという自信がありました。

事業の方はといえば、次は権利変換を行う段階となりました。

区分所有権や抵当権、借家権などといった権利を、権利変換期日を定め、新しく建てるマンションに一括して付け替えます。本来、再開発事業などで利用されてきた手続きですが、円滑化法によって、マンション建替えでも権利変換が活用できるようになったのです。それが、私たちが円滑化法を適用する理由の一つでもありました。

その権利変換の説明会を5月28～29日に行ったのですが、組合員のなかから、また大変そうな発言が出てきました。「X社が、組合に対して、川崎市に審査請求を申し立てている。そのなかに、反対意見の組合員9名の名前もある」と言うのです。

これには驚きました。

異議の申し立て以上のもので、市に、私たちの組合そのものが正当なものであるかどうか調べろと言っているようなものです。

さっそく、その事実を確認に市役所を訪問しました。申請書は開示されませんでしたが、申請されたということは事実です。これまで、いろいろと協力してくれた市の担当者も、これには困っているようです。そこで、その翌日、反対意見を持っている組合員の方と話し合いの場を持ちました。

私たちの主張は、「この申立書は、われわれ組合が行ってきた総会に対しての疑義申し立てであり、組合員の皆さんが参加して行ってきた総会などを否定したものです。いい換えれば、X社と皆さんが共同歩調をとって、組合に対して背任行為を行っているようなものです」ということです。

つまりは、反対の人たちは、組合員である自分たちの行動を、自分で否定していることになるわけです。たとえば、これによってX社から組合が訴えられるようなことになり、組合からは多額の賠償金を支払うようになることもあって、その訴訟の根拠を自分たちでつくっているようなものだ、ということです。

この説明で、皆さんはようやく納得してくれました。そして、審査請求を取り下げてくれる気持ちになったのです。

さらに6月11日の臨時総会でのX社の姿勢が、みんなの気持ちを一つにする決定的な要因となります。このとき、議案の採決が終わった後、X社の担当者が急に「まだ話がしたい、5分だけ、意見を言わせていただきたい」と立ち上がり、1600万円という条件変更を突きつけてきたのです。

正直、そんなことを今さら言われても……と思いました。1月の段階でその数字が出てくればすんなりと進んでいたはずです。しかも、価格の上での自分たちの正当性をさんざん主張しながら、この期に及んで急に値段を上げてくるというのは、それまでの値段は何だったのか、ということにもつながります。これにはほとんどの人が、驚きを通り越して、あきれていたようです。「出ていけ！」と声を荒げて怒り出す人もいました。

こうしたハプニングもあり、それまで反対意見を持っていた人たちは、私たちの意見を受け入れるようになっていたのです。

そうなった以上、私たちにも歩み寄りの姿勢が必要です。そこで、理事長がいったん退き、新しい体制をつくって皆さんに納得してもらうことになりました。選挙を行った結果、私が理事長となり、これまでのやり方に異論があった方も役員に入っていただきました。これによって、今後は同じ目標に向かって力を合わせることを提案しましたが、みんながそれを快く受け入れてくれました。

私は、「上作延第三住宅管理組合理事長」から「上作延第三住宅マンション建替組合副理事長」となり、そして「上作延第三住宅マンション建替組合理事長」として、建替事業に取り組むことになったのです。この理事の交代、増員については、7月13日の第6回臨時総会で正式に承認されました。

雨降って地固まる——この審査請求騒動で、私たちは一つにまとまることができたのです。これ以降、組合員が水面下でX社と接触するような動きもなくなり、組合はスムーズに運営されるようになりました。

そして、権利変換に向けた活動は続きます。6月18日には設計変更にともなう住宅相談会を開きました。デベロッパーが替わったことによる新しい設計ができつつあったのです。そこで、設計が変更されることについて、間取りや内装デザインのプランなど、皆さんの意向を聞いて、最終的な設計に反映させようということです。X社仕様からD社を含めた建替組合仕様へと、わずか数ヵ月の間で設計変更が実現しつつありました。

こうして私たちに合わせて、急なスケジュールをやりくりして、事務局メンバーをはじめD社の方々が動いていただけたこと、新しい設計図をつくっていただけたことには、非常に感謝しています。それがなければ、この建替えは成功しなかったと思っています。

というのも、最初につくった設計と、D社提案の設計を比べると、一軒ごとの間口がかなり広くなっています。最初の設計であったはずの、南側のワンスパンがなくなり、そこに住むことが決まっていた人が、別の場所に動くことになっています。その配置転換の話はこの住宅相談会のときに行われています。

さらに今のマンションは、一戸一戸の住戸が、みんなそれぞれ、住む人に合わせて違っています。

事務局に派遣されたD社の皆さんは、それだけのことをやってくれたわけです。D社だけではありません。施工したゼネコンも、地権者の要望に沿う形で何度も設計変更に応じてくれて、私たちの思いを通してくれました。私たちが自分でできることをなんでもやると、自分たちの資産価値が上がるということはわかっていましたが、設計がX社仕様から組合の意向を反映した仕様に変わったことで、これだけよくなるとは、思ってもいませんでした。

長年のご近所だからこそ近隣対策もスムーズに

権利変換に関する流れはのちほど説明することにして、もう一つ重要な取組みであるご近所との調整についてもお話ししておきます。

このころは、建築業界全体が非常に大きな問題を抱えていました。一つはアスベスト（耐久性、耐熱性、耐薬品性、電気絶縁性などに優れていたので「奇跡の鉱物」と呼ばれた石綿。建設資材や電気製品に使用されてきたが、肺がんや中皮腫の病気を引き起こす確率が高い。日本では高度成長期にビルの断熱・保熱を目的などに大量に消費されている）、もう一つが耐震偽装に端を発した構造の問題です。当然、これらについても、近隣の方々からも指摘されるようになっていました。

前にも話したように、私たちはこの地域には30年以上住み続けています。近所の方々とは顔見知りです。この事業が始まったとき、X社の立て看板に不信感を持ったときも、「私たちはここに帰ってきて住み続けるんだ」ということを説明したら、快くわかってくれました。雨水排水溝の問題については、一緒に行政に働きかけることで、一致しています。

ですから、とにかく大きな問題が起きないように、組合員みんなが結束して、近隣の方々に事業内容を説明しようということで一致しました。

そこで決めた方針は、とくに全体的な説明会は行わずに、戸々に説明に行くことです。不在者もいるので、2週間以内に3度は訪問し、留守の人にはポスティングして、訪問の日時は記録することにしました。対象となる戸数は全部で294軒。これを3回訪問するのですから、大変です。しかしこれも、「自分たちでやれることはやる」の範囲内です。

季節は夏。しかも、7月中旬から記録的な暑さが続く毎日です。事務局員であるD社、施工者であるN社の皆さんと組合の理事が一緒になって、一軒一軒、汗をかきながら訪問しました。

普通、デベロッパーでは近隣対策費として相当の予算を立てているはずです。ですから、本来なら私たちはD社にお任せしてしまって、ちょっと顔を出すだけでもいいわけです。それを、私たちが一緒になってやるわけですから、その予算はぐっと抑えられます。その分は、いつかみんなに返ってくるのです。

説明そのものは、大変でしたが、おおむね順調でした。

どこへ行っても話を丁寧に聞いてくれますし、私たち理事のだれかが出向いていますので、けんか腰になるようなこともありませんでした。

これが、何十年もずっと一緒に住んでいて、商店街も、ご近所の団地も顔見知りとなっていた、長い付き合いがなせる業です。隣の団地とは、一時期、子供会を一緒につくっていて、納涼祭などを協力してやっていましたので、気心は知れています。今働き盛りの私たちの子供の世代は、みんな友だちどうしです。私自身も、少年野球の監督をやっていましたので、知り合いがたくさんいます。

なかには大きな建物が建つことに対して、文句の一つも言いたいという人もいましたが、「これまで付き合ってきたのだから、ちょっとでやめとくよ」と言ってくれました。

あるとき、理事の一人が説明に出て行ったのに、なかなか帰ってこないことがありました。心配で見に行ったら、一軒の家でつかまって、延々と1時間以上、いろんなことを聞かれていたようです。そこに私が迎えにいったら、その人が私の顔を見て、「なんだ、昔、野球で一緒だった鈴木さんじゃないですか。そうだったんですか」と、急に優しくなって、話を聞いてくれるようになったこともあります。

294軒が3回分ですから、D社にしてみれば1000回分、近隣説明に行くコストが削減されたことになります。あとから聞いた話では、D社にとって、こんなに近隣折衝が楽に済むことは、珍しいようです。ですからその分のコストを、建物に上乗せしてくれて、当初の設計よりもグレードの高いものをつくってくれました。

これが、本来の組合施行のやり方である、と私は思っています。

そうして近隣を回ったときには、やはり皆さん、アスベストのことが非常に気になっているようでした。これから解体する古い建物には、アスベストがあるのか、解体するときには、粉塵《ふんじん》問題は起こらないのかといったことで、それに関しては調査報告書を出すように要望されています。そのほか工事関係者の駐車場の問題です。近くに幼稚園と小学校がありますから、登下園、登下校時に十分安全に配慮するように、とのことです。

アスベストの検査結果は8月に出ました。建物本体にはアスベストは使用されていませんでした。ベランダの隣との避難用仕切り板に使用されていたのですが、解体作業時に決められた作業手順で解体すれば、十分対応できることがわかりました。

このあと、解体工事に入ってからも、粉塵や振動、工事の音の問題など、ちょっとしたクレームがいくつか寄せられました。しかしそれも、すぐに私たちが出向いていって、なんらかの手を打つことで解決できました。

権利変換、建物解体、そして、訴状が届く

X社との問題や近隣対策を行いながらも、同時進行で権利変換に向けた作業は進んでいました。

権利変換は、建替組合設立後の最も大きな業務です。これが終われば、あとは建替工事が完了するのを待つのみといっても過言ではありません。

そこで組合設立の直後から、区分所有権および敷地利用権について、登記所に権利変換手続きの開始を申請していました。

権利変換の原案につきましては、建替え決議で議決されるものです。ですから、本来なら、その段階は終わっていたわけです。

その「権利変換計画認可申請書」は、配置設計と権利変換計画書で構成されます。配置設計は、配置設計図として施行再建マンションの各階平面図に、専有部分と共用部分の配置と用途を表示し、さらに敷地平面図に区域を表示したものです。

しかし配置設計図などの重要な図面がX社から引き渡されなかったので、再び、つくり直すことになったのです。D社の再開発事業の知識と経験を借りながら、みんなでつくり上げました。その間、何度も行政に足を運び、指導していただきました。そして、皆さんに健全な権利変換計画の作成と資金借入、および税務対策検討等のため、アンケートも実施しています。

円滑化法のマニュアルには、「建替組合における権利変換計画の決定など関係権利者の権利処理に係る事項は、専門的中立的立場で関与する、第三者により構成される機関が必要である。総会で3人以上を審査委員として選任し、その任に当てることとする」とあります。

つまり、専門家の第三者機関が必要というわけです。

そこで私たちは、中央大学法学科大学院の丸山英氣《まるやまえいき》氏、株式会社シティコンサルタンツの山田尚之《やまだたかゆき》氏、不動産鑑定士の石田茂《いしだしげる》氏という、この業界では最も権威がある著名な方々に、審査委員をお願いしました。

第1回の審査委員会を8月4日に開いたのですが、その委員からは、各戸の従前の持分や地権者の平均年齢、部屋決めルールの決定方法、賃借人の戸数と転出への対応などについて質問されました。それに対してこれまでの経過をお答えしましたところ、この件については、それまでの対応で問題なしと、判断されました。

次に気になったのは、権利変換計画の配置設計図を変更しても、登記上認めてもらえるかどうかです。物置や集会室、駐輪場、ゴミ置き場などの共用部分が、最初の設計から変わっていますので、それを認めてもらえるかが心配になりました。

しかし最終的には、法務局の見解で、規約共用部分を各名称で登記ができることになり、この権利変換計画の変更の認可は不要となりました。

さらに、関係権利者の同意です。

「建替組合は総会での議決を経た、または受ける予定の原案について、施行マンションまたはその敷地について権利を有する者（組合員は除く）の個別の同意を得なければならない」と円滑化法で定めています。

私たちの場合だと、3名がローン移行で金融機関の同意書をもらう必要がありました。

それに関しては、金融機関ごとに対応がそれぞれで違います。新しい法律なので、銀行内での対応も遅れがちでした。そこで、組合員自身が金融機関へ交渉に行くだけでなく、私たち組合役員や事務局員も出向いて交渉しました。

しかし、金融機関内での対応が遅れて、同意書の取得が後日となり、権利変換計画申請時には未同意の理由書を添付して、同意書の取得後、差し替えることになりました。この問題では、川崎市担当者と事務局間で何度も打ち合わせをしながら、確認作業を進めました。

そこで、いよいよ権利変換計画総会を8月6日、川崎市市民プラザ会議室を借りて開催しました。

みんなが離れ離れになっているので、これまでの総会は欠席者が多くなっていました。しかしこれだけはきちんと出て、みんなが納得してほしい。私たちは手分けして、組合員に出席を呼びかけました。

このころ私は、皆さんと連絡を取るために、横浜市内や川崎市内だけでなく、東京都内、そして関東一円を毎週のように飛び回っていました。一度は、事務局であるD社の方と、熊本まで行きました。熊本にご実家があってそちらで仮住まいをされていた方のところへ、増床契約の締結をしに行ったこともあります。

権利変換総会。賛成の決議を採った瞬間

大切なときは熊本から出てきてもらっていたので、一度ぐらいはこちらから出向いていこうと思ったわけです。さすがに、遠かったので大変な思いをしましたが、同じ気持ちを持った仲間が、そういう場所に離れ離れになっていることを改めて痛感しました。そして一日も早く建替えを実現させたいと思ったのです。

そんなわけで、この権利変換総会は、最終的には1名が急遽都合で出席できなかったのを除き、全員が出席してくれました。

採決の結果、5分の4以上の多数決議承認のところを、条件付きでの賛成も含めて、48戸全員の同意をいただきました。権利変換計画書が承認されたのです。条件付き賛成1名と欠席者1名からは、翌日同意書を受け取りました。

それを8月11日に川崎市に申請、9月2日、認可が下り、9月8日をもって、権利変換が無事、行われたのです。

この日が、転出者への補償金支払いの手続きとなります。

円滑化法では、新しいマンションの区分所有権がある人は、権利変換を希望せずに、その権利に代えて金銭の給付を希望することができます。何度か説明してきましたが、権利変換に参加するが、新しい建物には住まない場合、自分の権利をすべて組合に売ることができるわけです。

私たちの場合、権利変換計画検討の打ち合わせでは6名の方が金銭給付を考えていましたが、審査委員会前にさらに1名の方が加わりました。この方は当時77歳で、体調の不安がありました。それまではお一人で住んでいましたが、建替事業に関する話し合いには、親族が付き添いで出席していました。その親族の総意で金銭給付となったのです。

そこでその7戸に、評価基準日（建替組合設立公示の30日を経過した日）における相当の価格に、評価基準日から権利変換計画認可公告の日までの物価の変動に応ずる修正率を乗じて得た額、そして、権利変換計画認可公告の日から補償金の支払い期日までの利息を付して算定し支払いました。

その後、この人たちから明渡し同意書を取得して、解体工事に入るわけですが、すでに立ち退きが済んでいるため、これは簡単でした。

というわけで解体前の手続きが済み、9月12日に除却工事着工、完了予定が11月30日と設定しました。

9月4日、第8回臨時総会が開かれた後、上作延第三住宅10号棟南側の芝生上にて、建物のお別れ会が開かれました。35年にわたって私たちの安らぎの場所であった建物が、いよいよ解体されます。たくさんの方が集まって、お酒や軽食で、昔話に花を咲かせました。自分が住んでいた部屋に上がってみる人や、思い出の場所に行ってみる人もいました。そして、みんながお互いの健康を気遣い、新しい建物に全員が元気で戻ってくることを願いながら、楽しい時間を過ごしたのです。

建物のお別れ会に集まった人々

その解体工事に入るためにも、まだまだやることはあります。

専有部分の残留物は、各地権者に片付けるように促しました。皆さんとても意識が高く、明渡しの期日にはすっかりきれいになっていました。ガスメーターや水道メーターと、敷地内北側に設置されている川崎市掲示板の撤去などの手続きです。西側道路に面して設置されているカーブミラーの撤去では高津警察署、建設センター等に問い合わせましたが、管轄外のものということで撤去してもらえず、神奈川県住宅供給公社関連の保全協会が管理者であることを突き止め、撤去をお願いしました。

また、敷地内に放置された自転車やバイク等は、警察に相談しましたが、所有者が判明しないため、警察署の指導により粗大ゴミとして川崎市に処理していただきました。

やがて解体工事が始まりましたが、そうなると、一挙に建物は姿を消します。

先程お話ししたように、その間、粉塵や振動によるクレームが近隣から入りましたが、組合理事と施工業者の素早い対応で、何事もなく終わりました。

そして、物理的にはどんどん作業が進んでいくことになりましたが、このとき一つの課題がありました。円滑化法には、特定分譲という概念がないため、増し床をしてその増し床した分を地権者と別の人たとえば、息子さんや、相続人が負担してその分だけを取得する方法が整備されていませんでした。そこで、D社の知り合いの事業コンサルや司法書士等に確認し、先行事例を調査し、これならできるというようなやり方を見出しました。

それは増床契約を組合と地権者間で行い、同時に持分の地位譲渡を行って地権者とその相続人等が売買契約を締結、担保として対象土地持分の一部を登記することで、相続人等は住宅ローンに

建物の解体がはじまった

て返済できるようになりました。このやり方は、事務局員の工藤さんが頑張ってくれたおかげで可能となりました。

その解体工事も滞りなく終わり、11月27日、新しい建物の起工式が開かれました。

天気は晴天。組合員30名、デベロッパー関係者25名、ゼネコン関係者20名の出席。その席上で私は、「われわれ組合員ばかりでなく、新たな仲間となる方々にもこの上作延に住むことができてよかったと言われるような、そんなマンションでありますよう、今後とも皆様方よろしくお願いいたします」と挨拶しました。

式典後は、離れ離れになっていた住民が新しい家で生活できることの喜びをわかちあったのですが、このとき建替組合宛に、X社から訴状が届いていたのです。

日付を見ると、10月12日付で発行されたもので、11月17日に裁判所から送られています。内容は、工事の差し止めではなく、損害賠償請求でした。それまでX社が建替事業のために支払ってきた相当額の対価を返還するように求めたものです。

半年前のもめていたころならまだしも、そのことをほとんどの人が忘れて、油断していたころだったので、私をはじめ、だれもが驚きました。

また一つ、面倒な仕事が増えたのですが、新しい建物の建設は、順調に進み出していました。

第4章 そして、マンションは完成した

あれもやったし、これもやった

　起工式が終われば、あとはすんなりと工事が進むと思っていたのですが、なかなかそういうわけにはいきません。何度もいうようですが、自分たちでできることはなんでもやる。それが組合施行の原則です。まずは、補助金の申請です。

　この建替えでは、行政から補助金をもらいました。建替え決議総会以前に、川崎市に確認したところ、05（平成17）年度4月以降の工事費用の一部が、「平成17年度優良建築物等整備事業」補助金採択の対象となることがわかっていました。

　そのために必要な書類として、だれもが理解しやすい図面等と、見積書を提出しなければなりません。その作業も、私たちが行いました。

　D社の皆さんは、参加組合員として、また事務局員として、いろんなところに気を配っていただき、最初から最後まで、本当によく私たちをサポートしてくれました。それは、建替えを成功させるために計り

知れない大きな力となっていました。

05年12月1日に、川崎市まちづくり局の補助金事業の完了検査では、完了実績報告書、三社見積比較書、マニフェスト（マニフェストは5年間保存）を提出。その1週間後に除却工事完了検査が行われ、12月15日に完了報告を提出しました。補助金採択の通知が来たのが、05年12月27日。これによって、1020万円を補助していただけることになりました。

06年度分の補助金もお願いしたところ、川崎市は対応をしてくれるとのことでした。06（平成18）年5月19日に申請書を提出したところ、5月23日に交付額220万円となることが決定しています。

さらに、06（平成18）年8月7日に、共同施設整備（道路、緑地）を行うことから、川崎市へ交渉を重ねて、補助金の交付を360万円に増額変更することを申請できました。

起工式

デベロッパー任せでの建替えでしたら、補助金がいくらだったのかもわからないことでした。それが、これだけの補助があったのですから、建替組合としては大変ありがたいことです。D社のスタッフも、書類づくりなどを手伝ってくれました。

最終的な検査では、環境空地整備工事のために下りた補助金なので、その工事に記録を残すように、建替組合として手配しました。

次に、新しい建物での管理規約の作成と認可です。

円滑化法では、建替組合が新しいマンションの管理規約をつくることができます。そこで、古い建物の取壊しがはじまる以前の05（平成17）年9月ごろから検討を重ねてきました。この管理規約が決まらなければ、新しい住戸を販売することができないのです。

管理委託会社はD社グループ会社となる予定です。その担当者から管理規約の案が提出されました。それをもとに駐車場や駐輪場、バイク置き場についての利用希望調査や料金設定、町内会への加入の是非、ペットの可否などを話し合いました。

町内会への加入については、現在の組合員が高齢化していることから、見送られました。加入するとなると、管理組合員の役員が町会行事に参加するようなことになりますが、皆さんの年齢を考えるとそれは負担が多いとの結論でした。しかしこれによって、入居後にちょっとした問題が起きています。地方選挙のときに、選挙公報が各住戸に届かなかったのです。これは、市役所等に行けばだれでももらえるものですが、各家には町会に加入しないと配布されないそうです。

そこで、高津区役所内の選挙管理委員会を訪問したのですが、そういうことは市民推進課で処理するとのことで、そこで管理組合として配布してもらえるように登録してきました。その後は、市政だより、市議会報告、県だより等が管理組合理事宛に送られてきて、そこから各戸に配布されるようになっています。しかし、こうした行政がらみのお知らせは、町内会等の自治会組織が基本となっているので、今後は管理組合が自治会業務を兼務するようなことも考えなければならないでしょう。

ペット飼育については反対の意見も多数ありました。上作延第三住宅の管理規約にはペットの飼育は条件付きで認められていたので、すでに飼育されている方も多く、とくに高齢の方にとっては、大切な家族の一員となっています。しかし、糞尿《ふんにょう》や鳴き声など、ちょっとしたマナー不足がこれまでも問題になってきました。飼わない人にとってみれば、反対意見ももっともです。

最終的には話し合いを重ね、ペット飼育細則を決めて、飼育者は管理組合に届け出を行って、玄関にはペットシールを張り、使用するエレベーターも指定する……といった条件付きで認めることとなりました。これがうまく守られていくかどうか、住民の間でのトラブルが起きないように管理組合がしっかりと対応していかなければならないでしょう。

もう一つ、管理規約上で大切なことは、建物の名称です。

D社からは、4つのネーミング案が提案されましたが、そのなかから検討の結果、「ライオンズ溝の口レジデンス」と決定し、通常総会で承認されました。こうして、「ライオンズ溝の口レジデンス」の管理規約案が完成、12月17日の総会で承認され、明けて06（平成18）年2月に、川崎市から認可されたので、新築住戸の販売ができるようになりました。

規約作成のほかに考えておかなければならない課題は、建物のアフターサービスへの対応です。

現在のところ、円滑化法による組合施行では、このアフターサービスが最も大きな問題となっています。通常の分譲マンションでは、売主（主にデベロッパー）の責任で定期点検や瑕疵《かし》工事を行いますが、組合施行の場合は、組合が施工会社に工事を発注していることになりますので、デベロッパーに瑕疵担保の責任はありません。建替組合が施工会社に瑕疵保証を求めることになるのですが、建替組合が解散してしまえば、その責任の所在があいまいになります。そこで、アフターケアのための専門機関を、建替組合が解散したときから2年間、設置することにしました。

ちなみに、保留床に関しては、売主がデベロッパーになるのでデベロッパーがアフターサービスの責任を負います。

その他、内覧会の準備、引っ越しの見積もり、建物内に植える樹木の検査、竣工引取り、鍵の引取り、定礎式、清算金の支払いなどなど、やるべきことはすべて、組合員で進めてきたのです。

ついに、「ライオンズ溝の口レジデンス」が完成

06（平成18）年9月、マンションの建築工事が完了しました。

みんなが仮住まいへと引っ越して約2年、取壊しの工事が始まって1年。とうとう、待ちに待った日が来たのです。

上作延第三住宅と同じ3615㎡の敷地面積に、地上5階建て91戸の住居ができました。1軒あたりの広さは平均75㎡。インターネット対応の防犯カメラや、福祉対応エレベーターが設置され、各住戸に低床タイプのユニットバスなど、ユニバーサルデザインが採用されています。

円滑化法にもとづいて、すぐに、区分建物表示登記や所有権保存登記、抵当権設定登記、住宅用家屋証明、増床部分の権利譲渡にともなう登記など、必要な登記を行いました。

法75条登記といって、工事完了公告後に行われる表示と保存の一括登記であり、法務局もどれだけの日数を要するのかわかりませんし、D社さんへの引渡しには登記を完了しておかなければならないので、何度も法務局へ行ってお願いに上がりました。結果、引渡し日には全戸分の権利証があがった状態で引き渡すことができました。

9月30日、10月1日に内覧会を行い、今までバラバラのところに暮らしていた皆さんが再び元の場所に

集まりました。それぞれ、建物内の自分の部屋を見に行くと、感動した様子で戻ってこられ、私や事務局に感謝の言葉を伝えてくれたのが、とても嬉しかったです。

これに先立つ06（平成18）年4月27日、神奈川県地方法務局麻生出張所へ登記の相談に行った際には、円滑化法による登記ということで、法務局としても慎重に対応されていて、そのために、登記受付け開始から登記済み証の交付までの期間が約1ヵ月近く必要であると言われていました。すでに、入居予定日は決まっていますので、この手続きの申請が遅れないよう、組合から施工業者へ工事のスケジュールを遵守していただくことをお願いしていました。

10月16日、竣工引取りの日に、定礎式を執り行いました。組合の理事、事務局、施工者のN社が参加して、定礎の裏に記念品を入れました。その中身は、建て替える前と後の建物の写真、事業に携わった人の名簿、その年の新聞の号外、そして私の手紙で、次にこのマンションを建て替える人に宛てたものです。

ライオンズ溝の口レジデンスの竣工披露パーティーは、06（平成18）年10月28日に行われました。デベロッパーを含む組合員をはじめ、ゼネコンや行政の担当者の方々、その他、この事業に力を貸していただいた人たち、計115名が参加して、盛大に開かれました。神奈川県住宅供給公社の職員だった原田佳明さんも、参加してくれました。このときすでに公社は退職していたのですが、退職後も、わたしたちのことをずっと気にしてくれたようです。

「とくに、管理組合が解散したころは、どうなるのか先行き不安でした。権利変換前なのに、みんな立ち退いているし、デベロッパーとももめているようでした。これは、いつか沈没するのではないかと思って

「定礎石」を設置。いよいよ完成へ

いましたから、竣工したという知らせをもらったときは、感激しました。そして、心からおめでとうって思いました」と後日、話してくれました。

そして、この日のパーティーに参加してくれて、私たちの事業をずっと見守ってくれた人は、川崎市役所の担当者の方々です。建替組合の認可や、それにともなった補助の手続きなどを担当してくれました。円滑化法が施行されたとき、市役所としてどんな対応をすべきかを考えていたところに私たちが建替えの相談に行ったので、自分でも独自に円滑化法を勉強しながら対応してくれました。

後日談で、「われわれも初めてのことなので、どんなものを提出してもらえばいいのか、国や、円滑化法の施行実績がある東京都に聞いてから伝えてきました。皆さんが早く建替えを実現させたいという気持ちを持っている。そこをいかにわれわれが助けて、組合がまとまるようにするか、そして書類が早く回るようにするかを考えました。とくに意見書が出るような場面もありましたから——そんなことがあると、認可が下ろせなくなります。そのために、住民の皆さんとは何度も話合いの場を持ちました。それでも、実際には組合のメンバーがご苦労されていたから、それに応えてあげたいと思ったのです」と話しています。

円滑化法にもとづく組合施行による建替えは、川崎市だけでなく、神奈川県にとっても初めての例です。私たちと二人三脚で取り組んできたことで、今度は、神奈川県にもそのやり方をアドバイスできるようになったと話してくれました。

この日、私は建替組合理事長として、次のように挨拶しています。

完成した「ライオンズ溝の口レジデンス」

平成8年、まだ管理組合がないころ、自治会の下に十数名の発起人が集まりました。当時私たちは、今のような耐震問題があるからではなく、純粋に、家族のためにもう一部屋欲しくて、建替えを考えていました。エレベーターもない、病人や高齢者にとって非常に問題の多いマンションでした。

そんな築35年以上のマンションが多くなっているなかで、国としても法制度を整えなくてはならない時期でした。そこで、建替えができるということを、われわれに教えてくれた先生がいて、マニュアルを見せていただき、勉強を重ねて、ここまで事業を進めてきました。

パーティーでの挨拶

平成17年にようやく市の認可が下りて、建替えが実現できました。ここにいたるまで、市の担当者の方、行政としてのサポート、ありがとうございました。

区分所有法についてお教えいただいた丸山英氣先生をはじめ、設計、施工にご尽力いただきました皆さま、ありがとうございました。この間、雨が降ったときは、中庭の水がライトに照らされて、川の流れのように見えたのはすばらしかったですね。その設計はD社の黒川さんとN社品川さんの意図です。

そのほか、多くの方に協力していただいて、感謝しています。とくに、近隣の方、町会の方にも大変お世話になりました。

そして、一番感謝するべきところは、事務局です。D社の社員としてではなく、事務局として、難しい問題に真剣に対応してくださいました。この方たちの努力がなかったら、これから先の何年かの有意義な暮らしができなかったでしょう。

完成はしましたが、すんなりと入居作業が終わったわけではありません。

これまで住んでいた方が仮住まいから戻ってきただけでなく、新たに購入した人たちが入り、住民の数が倍になりました。まだ管理組合ができていないので、ここで起きた問題は、建替組合が対処しました。

まずは、引っ越し後のゴミ処理。粗大ゴミをそのまま出していたり、指定曜日以外に出していたりと、マナーの悪さが目立ちます。管理規約上では24時間、いつでも出せることになっていたのです。しかしこれでは、ゴミ置き場内の清掃等で問題が起きる。そこでしばらくは、19時から翌朝7時まではゴミ出しを制限するというルールを設けました。

また、ゴミ処理・粗大ゴミ置き場に搬出作業用の収集車が入りにくいため、環境局と建設センターに相談した結果、歩道側のフェンスに鍵付きの扉を設置するようになりました。

また、不審者への対応にも苦心しました。新しい建物はオートロックですが、それに頼りすぎていられません。新入居者もいて、入居後の顔合わせもなかなかできなかったので、まずは、お互いに鍵の所持を示し合うとともに、声を掛け合うことにしました。実際、引っ越しの混雑に紛れて、マンションの建設工事関係業者と思わせ、戸別訪問で不要な工事を持ちかけた業者もいました。それには、組合員がお互いに呼びかけることで、注意するようにしました。

新しい暮らしに、みんな満足

待望の新しいマンションでの暮らしについて、居住者の声を紹介しましょう。

「以前は中古で入ったので、今回、初めて自分の住居を自分の意図で手を入れられました。こんなものをつくりたいと、毎日、夢が重なっていきました。与えられただけでなく、自分からつくれたことが嬉しいです」

「家族中で絶賛しています。使い勝手がいい。無駄がなくて水切りがいいことが、入居してよくわかりました。仕様は、モデルルームのままです。お風呂でテレビが見られるので、最高に贅沢《ぜいたく》です」

「ここに住んでいた祖父が亡くなり、一時は賃貸にしていましたが、建て替えたので自分で住むことにしました。老朽化したマンションをどうやって維持していくのか、個人的にも興味があったので、建替事業に参加できたことは大変おもしろかったと思います」

「素晴らしい建物で、喜んでいます。これからの新しい生活を支えてくれるでしょう」

「豪華なマンションになり、ちょっと恐縮する思いで住んでいます。娘は独立していますが、正月には孫も一緒に泊まりに来てお祝いできるのが嬉しいですね。それまでの生活が畳中心だったので、設計変更では、ドアをふすまに替えました。天井が高いのも開放感があっていいのですが、棚が高いので、台は必要ですね」


――このように皆さん、嬉しいようです。

なかにちょっとした不安を抱えながら生活している人もいます。なにせ、いろんな設備がありますので、分厚い説明書と格闘している方や、部屋のあちこちに付いているボタンや急に鳴り出す音に戸惑っている方もいます。

でもやはり、みんなには、建売りの部屋を買うのではなく、戸建て住居をつくり上げたような喜びが共通してあります。部屋決めも自分の意思に従ってできましたし、その後の設計変更では、自己の希望を述べて、それをある程度実現させることができたのです。これが、みんなが主導となって組合施行で建替えを進めたことの賜物《たまもの》です。

古い建物の階段ごとのコミュニティは今でも健在です。新しい建物で、同じ階段を使っていた人が同じ階にいるわけでもなく、すぐ近くになっているわけでもありません。それなのに、今でも同じ階段の人たちと親しくお付き合いしているのは、やはり長い時間を経て、建替えという大きな事業を一緒に成し遂げたという同志になっているからでしょう。

07（平成19）年、1月27日、ライオンズ溝の口レジデンスの管理組合設立総会が開かれました。まだ建替組合が存続していますので、2つの組合が同時に存在していることになります。

私は、建替組合の理事から推薦される形で、管理組合の理事長に立候補し、就任しました。やはり、最初の段階では、このマンションのことをよく知っている人がいいだろうという判断です。当面の間、昔からの住民の方と、新しく来られた人たちのコミュニティ形成に力を注ぎたいと思ったのです。全住民を集めた消防訓練や、お茶会などのイベントも積極的に開くようにしています。そうしたお付き合いがあることが、新しい方にとっても安心感が持てます。

とくに、新しい方は若い人が多いので、従来の高齢となった居住者と若い人を結び付けて、新しい管理組合組織をつくっていきたいと思っています。

管理組合ができれば、次は、建替組合の解散です。

解散総会は07（平成19）年10月21日に開かれました。総会では、最終的な清算業務を執行する清算人4名を選出し、アフターサービス部会も設立しました。

これは、建替組合員の住戸（専有部分）の瑕疵補修請求を一括して施工業者に依頼するための組織で、管理組合の下部に設置しました。

組合員一人ひとりが施主の立場なので、直接、施工業者と補修等の話し合いを持つことになるのですが、一個人ではなかなかそれも難しいものです。そのためにこの部会で対処するようにしました。

総会後には慰労会が行われ、参加者全員が、今日のこうしていられることを感謝しながら、思い出話に花を咲かせました。また組合員から、組合役員に感謝状も贈られています。私も、皆さんに対して、本当に長い間お疲れ様でしたという気持ちで一杯になっていました。

清算人会の職務は、現務の結了、債権の取立ておよび債務の弁済、残余財産の処分等です。消費税が還付されたことを受けて、08（平成20）年2月23日に清算総会が行われました。

消費税については、権利変換時に、組合に還付してもらうことが可能であることを会計士さんに確認していただいています。結果として06（平成18）年度と07（平成19）年度の消費税が還付され、組合員に床の持分に応じて分配されました。総事業費のことを考えるとこの還付金は非常に大きな額で、組合員に大変喜ばれる結果となりました。

これもまた、組合施行の賜物です。デベロッパーが主導となっていれば、この還付金はデベロッパーに行くはずです。

最終的には、残余財産の処分が行われ、その決算報告が承認されて、08（平成20）年3月に、建替組合は完全に消滅しました。

もう一つ、X社から訴状が届いた件ですが、あれから1年4ヵ月、係争を続けてきました。お互いの言い分を出し合ったところで、和解という結論が導き出されています。

なにが、建替えを成功させたか

私たちの建替事業は、90年代に最初の計画が出てから、10年以上の時間を費やしました。その間、新しいマンションの完成を見ずに亡くなった人もいます。私自身、その当時は働き盛りでしたが、この間に会社を辞め、建替事業に専念するようになり、今ではすっかり、建築や不動産に詳しくなりました。それだけの時間が経ったのです。

繰返しになりますが、この建替えが成功したのは、組合員の方々が、どんなことでも自分たちでやるという意識を持てたからです。マンションは自分の家ですから、だれかがやってくれると思っていてはできません。そして、人に頼むと経費がかかりますので、その分、自分の所有権分の査定額も下がります。ただしマンションは、集合住宅なので、個の力が強いのです。なかなか一つにまとまりません。ですから、「5分の4の賛成」というルールが、いかに大きいものであったかは、いうまでもありません。とにかく、5分の4の賛成をもらうために、どんなことでも耐えられたわけですから。

ただ、一つ間違いだったのは、途中でデベロッパーが替わったことです。あれが普通のやり方になったら困ります。ずっと一緒にやってきたデベロッパーに対し、査定額を上げるために、ほかのデベロッパーを連れてきて比較させるといったことが起きる恐れもあります。今回のことはあくまでも事故ですね。

そして、何事を成すにも、まずはよき協力者を得ることです。

だれもが自分の利益を優先して行動することが多いようですが、この建替えでは知識が豊富な地権者（島野さん）がいて、また管理委託会社担当者（原田さん）が事業のよき相談者となってくれ、事業の方向を正しく見守り、私たちを導いてくれました。

そして、参加組合員として、D社の社員が事務局に入ってくれたことが、大きな助けとなりました。再開発事業での知識と経験を十分に発揮し、すべてを円滑化法に当てはめて、私たちに貢献してくれました。また、すべての情報を開示し、自ら汗をかいて私たちが取得する住戸の質の向上に尽くしました。

定款変更認可後は事業進捗のため、川崎市へのさまざまな認可申請の事前打合せや、施工会社の設計担当者との建替組合からの指示や注文の打合せ、また関係業者への対応、そして住宅設計変更相談会での組合員と業者の調整や立会いなどが、組合事務局の仕事でした。そのすべてにおいて、ことあるごとに私の横には佐藤事務局がいてくれて、その対応は私に信頼と安心を与えてくれました。

デベロッパーのD社とは、ここまで読んでいただいておわかりかと思いますが、株式会社大京です。建替え事業での参加組合員であり、組合事務局員としてのご協力は本当に感謝しています。

また、ゼネコンとしての西松建設株式会社阿部所長には、組合員からのさまざまな注文等への配慮、そして入居後のアフターサービスについても施工業者としてのご協力をいただき感謝しています。

そして、この建替え事業が多くの方々の協力で成し遂げられたことは間違いなく、とくに組合理事全員が各自の持っている知識を寄せ合ってくれた成果だと思います。

「マンション建替え円滑化法」による組合施行で建替えを行ってよかったかどうか。それは、私たちの「ライオンズ溝の口レジデンス」を見ていただければわかると思います。

外廊下を歩けば、各戸のアルコーブの広さや玄関の位置がそれぞれ違っていることがわかると思います。専用部内の仕様についても同様です。

これはみな、自分たちの力でつくり上げたものです。みんなが明日への希望を持って、建替えに臨んでいたということです。

最後に、自慢話になりそうですが、元神奈川県住宅供給公社の原田さんが、こういうことを話してくれたので、記しておきます。

「90年代に最初の準備委員会ができたとき、一度つまずいているわけです。普通だったらそこであきらめるものです。それをこうしてやり遂げてしまったのですから。皆さん、たいしたものです。あっぱれです」

建替えへの道のり

◆年	◆月	◆できごと
1967（昭和42）年		上作延第三住宅が完成
……		……
1977（昭和52）年		自治会ができる（月に1度の草刈りが始まる）
1980（昭和55）年		外壁の塗り替えを行う
1995（平成7）年		松井克允さんら13名が集まり、建替え委員会の発起人会活動開始
2001（平成13）年		すべての住民が住宅供給公社への債務返済を完了
	12月	鈴木啓之さんが理事長に就任し、管理組合が発足
2002（平成14）年	1月	所有者48戸の権利の平等を記載し管理規約を施行
	3月	住居についての悩み、疑問、希望など意見交換会
	5月	建替えに関心を持つ区分所有者の会合で島野哲夫さんが円滑化法について話す （月2回程度の勉強会が始まる）
	6月	建替え組合をつくるための準備委員会発起人会を開始
		……………**マンション建替え円滑化法が公布される**
	7月	会合で区分所有者へ円滑化法の説明、川崎市まちづくり局が説明協力
	8月	住宅供給公社の原田佳明さんに協力を要請
	10月	建替組合設立準備委員会を管理組合理事会の下部組織としてつくる要請
		長谷川洋さんから円滑化法の話を聞く勉強会
	12月	山下司さんに設計を前提として話を聞く
		……………**マンション建替え円滑化法の施行開始**
2003（平成15）年	2月	管理組合の第1回通常総会を開く。修繕積立金の取崩しを承認（ラフ図面を委員に公開）
	6月	建替組合設立準備委員会が正式に発足
	7月	山下司建築研究所から建替え後のマンションの基本構想の提案
	8月	住宅供給公社の原田さんから大規模修繕をしたときの試算が発表される
2004（平成16）年	2月	大手デベロッパーのX社を事業協力者に組み入れることを決定
		管理組合の第2回通常総会を開く
		円滑化法を意識しての管理規約の改正、建替え決議総会の開催、スケジュールの承認
	6月	建替え決議のための説明会
	7月	賃貸住居の人への説明
		建替え決議を行い、正式に可決される
	9月	5名が建替組合設立発起人となり申請の準備を開始
		管理組合の臨時総会で管理費と修繕積立金の徴収廃止、清算について決議
		公開空地を設定することを条件に、公園の提供を免除してもらう
	10月	部屋決めの抽選会を行う
		自治会が正式に解散

2005（平成17）年

11月　早々に仮住まいへの引っ越しが始まる

1月　マンション建替組合の認可が下りる

デベロッパー2社による条件のプレゼンテーション、X社の評価額がほとんど変わらなかったためD社への変更を決定

2月　D社と正式な協定を取り交わし、事業計画を作成

3月　D社から建替組合に事務局スタッフが派遣され、役員とともに動き始める

建替組合の臨時総会を開き、新たな計画の作成のため委託業者選定や業務発注を理事会に一任してできるように決める

管理組合の消滅総会

役所への申請手続きや、住宅金融公庫への融資の申込、B／C評価のやり直し

川崎市がX社と組合の話し合いの席を設けるが、互いの主張は平行線のまま

5月　組合の全体集会で、意見交換会を行う

権利変換の説明会を行う。X社が反対意見を示す組合員9名とともに、川崎市に組合に対する審査請求を申し立てていることが発覚。反対意見を示す組合員を説得し、審査請求を取り下げてもらう

6月　これまで反対意見を示していた組合員にも理事に入ってもらい、島野さんが理事長を退き、鈴木さんが理事長に就任することを提案

臨時総会で組合の理事の交代、増員を正式に承認

7月　アスベストの検査結果が出る

8月　新しい設計図での確認申請

権利変換計画の決定のため、専門家の第三者機関による審査を受ける

権利変換計画総会を開催し、権利変換計画書が承認される

9月　権利変換計画書を川崎市に認可される

建物のお別れ会が開かれる

権利変換が無事に行われる

解体工事が行われる

11月　新しい建物の起工式が開かれる

12月　優良建築物等整備事業補助金確定

2006（平成18）年

2月　管理規約の作成と、総会での承認

9月　管理規約を川崎市が認可、新築住居の販売開始が可能に

10月　マンションの建築工事が完了

入居開始

ライオンズ溝の口レジデンス竣工披露パーティー

2007（平成19）年

2月　建替組合の解散総会、アフターサービス部会の決定

X社との和解

……………〈担当者から来た手紙〉

鈴木さんとは2005（平成17）年の2月、川崎市に組合認可手続きの件で伺ったのが最初の出会いでした。初めは、小柄でやさしい感じの方という印象でした。そして、私たちは組合の事務局員として活動をスタートしました。まだ組合事務所もなかったので、団地の近くの集会所を借りて理事会や打合せをしていました。また、ほぼ毎日のように出掛ける用事があり、川崎市、地権者宅から会計事務所、税務署、銀行……など鈴木さんにお願いして付き合って頂きました。逆に鈴木さんから、「この日は駄目だからね」と言われるぐらいで、たまに朝、私から何も連絡がないと心配になってよく「今日はないの？」と連絡が入りました。ずいぶんと無茶なお願いをしていたと思います。でもあの頃は、既に皆さん引越しをされており、毎月の家賃が負担となっていくため、お互いに悠長なことを言っていられない状況でした。円滑化法の手続きも、我々がやったことないことばかりで、右往左往しておりました。

出掛ける時は、だいたい鈴木さんの自家用車でした。たまに寄り道してちょっと公園の桜を見たり、同じくらい老朽化したマンションを見たりと、二人でよく出掛けました。今から思うと、なんだか楽しかったこともありました。夜遅くまで会合すれば、軽く飲んで帰りました。軽くで終わればいいんですが、結構鈴木さんも好きだから、ついつい飲みすぎて最終電車が近くなると、鈴木さんが自宅に電話されて、私を家に誘います。そこで奥様にお布団まで出されてしまうとなると、最終的には「お邪魔しまーす」ということによくなりました。朝頂いた奥様の朝食はおいしかったです。有難うございます。

思い出せばいろんなことがあって、いろんな方に助けて頂いたことでいっぱいです。転出者の方で、転出するのに必要な書類に署名、実印を頂きにあがった時のことです。鈴木さんが親しくしていらっしゃったご主人が亡くなられた方で、その奥様と昔懐かしいお話をされていました。そして印鑑を頂いた別れ際、奥様が「私は団地を出ることになりましたが、鈴木さん、頑張って」とおっしゃっていました。その言葉はとても記憶に残っております。この時は、組合がまだ纏まってない時だったので、鈴木さんも私も、とても励ましの言葉になりました。どの地権者宅に訪問しても、感謝され励まされ、気持ちよく実印をついて頂いたことが思い出されます。事務局員だけではこうはうまくいきません。やはり鈴木さんの人柄であり、人間性であり、長年一緒の団地で住んできたからこそできる技なのではないでしょうか。

鈴木さんが副理事長だったころ、組合が二つに割れて空中分解しそうになったことがあります。総会で選挙して役員を増員し、役員の互選で理事長を決めることになりましたが、皆さんからの信頼が厚い鈴木さんが理事長として選ばれました。鈴木さんの就任あいさつ後、「やっぱり鈴木さんしかいない。鈴木さん頑張ってください。宜しくおねがいします」と声が組合員の皆さん誰からとなくあがってきました。この時の組合の判断が正しかったから、事業が最後まで滞ることなく進捗でき、無事に完了公告が打てたのだと思っています。

また、組合役員の皆さんにもずいぶんと助けられました。計74回もの理事会――着工までは毎週のように理事会をやっていました。決めて頂くことが山ほどあったし、情報はすべて開示して進めてますから、役員と事務局が一体となってやっていました。役員の皆さんからのいろんな助言が本当に有り難かったです。

小池五郎さんは、準備委員会委員長も務められ、建替組合設立の原動力になって頂きました。仮住居として一時、遠方に住まわれていましたが、肝心な時は宮城からはるばる出てきて下さり、裁判資料作成の時には適切なアドバイスを頂きました。野中勝利さんは地権者からの意見の相談窓口となって、それを吸い上げて理事会に投げかけ地権者を纏め上げる役割を担って頂きました。矢野武さんは、参組（参加組合員）の意見や施工者の意見、地権者の意見に対して偏ることなく、公平に判断して頂きました。青山日出男さんは、法律や会計に詳しい方で、いろんな調査をしてくれたり、会社でも資料に目を通してご指摘等頂きました。芳賀アキ代さんは、会計担当理事として日々の細かい金銭の出入れに対応して頂き、ほんとうに助かりました。平田謙志さんは建設に明るく、新築工事の発注等で、大活躍して頂きました。

松井桃代さんはこの事業の初動期の牽引役を担った故松井克允さんの奥様で、毎回、理事会の様子をテープにとり仏前で理事会の記録を流されていたそうです。我々の思いは天国の旦那様に届いていますでしょうか？井口堅吾さんは事業完了前にお亡くなりになりました。少しの間ですが、新しいマンションに住んで頂けました。故井口さんは毎日、現場を見ていろんな情報を下さり、また、町会役員だったので近隣廻りにはいつも助けて頂きました。

役員の方以外の方にもいろいろ助けて頂きました。解体前の建物への感謝を込めて行った「お別れ会」の段取りも率先してやって下さった、焼き鳥屋経営の嘉藤功さんです。嘉藤さんの店によくいらっしゃるお客さんにも保留床を買って頂きましたし、嘉藤さんには組合員を代表して、組合役員の方に表彰状贈呈をして頂きました。いろんな場面でいろんな方が様々な役割を担って、事業をサポートして頂きました。また、川崎市のまちづくり局の方、設計施工者のN社の所長をはじめとするスタッフの方々にも、いろいろと協力して頂きました。このような様々の方のサポートがあってこの事業はでき上がりました。ほんとうに皆様に感謝いたします。

竣工内覧会で初めてお会いすることができた地権者の方で、遠方に住むお年寄りの方がいらっしゃいました。それまで何度かお電話はさせて頂いておりました。内覧会に来られて、「あなたが佐藤さんかい」と、分厚い手で握手され、「ありがとう。ありがとう」と何度も感謝されました。

このような言葉をいろいろな方から頂戴し、ほんとうにこの事業をやってきて良かったと、つくづく感じました。鈴木さん、組合員の皆さん、「ありがとうございました」。

――D社事務局員・佐藤直人

■第2部

成功するマンション建替えのポイント

飯田太郎

第1章

上作延第三住宅の建替えを成功させた10の要因

上作延第三住宅の建替えが成功したのにはさまざまな理由がありますが、他のマンションの管理組合や区分所有者にも役立ちそうな10項目に整理してみました（個々に条件が異なるので、当てはまらない場合もあります）。

① マンション建替えの主役は自分たちだという意識を持ち、行動を続けた
② 早い段階からマンションの将来を考え、建替えの勉強をはじめた
③ 居住者のなかに建替えに詳しい人がいた
④ みんなの想いをまとめるために労を惜しまず働く人たちの、〝つながり〟があった
⑤ 建替えを視野に入れて管理組合活動を進めた
⑥ みんなの権利が平等になるようにした
⑦ 日ごろから住民相互のコミュニケーションがよかった
⑧ 管理会社のスタッフの理解が深く、適切なアドバイスがあった
⑨ 行政を味方につけ、真剣に取り組んでもらった
⑩ 区分所有者と事業協力者のパートナーシップが形成された

以下、それぞれについてみてみましょう。

①……マンション建替えの主役は自分たちだという意識を持ち、行動を続けた

上作延第三住宅の建替えが成功した最大の要因は、区分所有者たちの多くが、初めから終わりまで建替えの主役は自分たちだという意識を持って、行動し続けたことです。

マンションはみんなの生活の場であるとともに大切な資産。快適に暮らすためには、区分所有者が「主役は自分たち」という意識を持って、管理組合を中心に良い居住環境を保ち、さまざまな問題をみんなで相談し、解決する必要があります。このことはマンション管理についての本やマスコミなどでも繰り返し伝えられています。そして、大部分のマンションの区分所有者も、自分たちが主役であることを理屈のうえでは理解しているはずです。

しかし実際には、まだ多くの区分所有者が主体としての意識を持って日々考え、行動しているとはいえない状態にあります。ほとんどすべてのマンションに管理組合があり、毎年総会が開催されていますが、実際に総会に出席するのは1割か2割程度、議案書もよく読まないまま委任状を提出するケースもあります。理事などの役員は輪番制や抽選で選ばれ、任期も1年か長くても2年の管理組合が多いですから、できれば面倒なことは先送りをしたいという傾向が強いのです。

2000年に「マンションの管理の適正化の推進に関する法律」[★1]が制定され、これにもとづいて国土交通大臣が「マンション管理適正化指針」を定めました。そのなかでも「マンシ

★1
2000年12月に議員立法により成立、01年8月1日に施行された法律で、マンションを管理組合と各区分所有者の負担と協力により管理をすることを明記。「マンション管理士」を創設し、管理会社の「登録制度」等も整備された。国・地方公共団体に努力義務を課し、とくに住民と最も接点が近い地方公共団体は、管理組合や区分所有者に対する情報提供や相談を受ける体制整備を行うこととされている。

ョン管理の主体は、マンションの区分所有者等で構成される管理組合」であることや「区分所有者等は、管理組合の一員としての役割を十分認識」することが強調されています。しかし、「適正化」という名前がついた法律や指針がつくられたこと自体が、主役は区分所有者という理想と現実の間のギャップがまだまだ大きく、いまだマンション管理が適正に行われていないのが現状であることを示しています。

たしかにライフスタイル、年齢、価値観など、さまざまな人が生活をするマンションの中で、管理組合を運営することは決して容易なことではありません。たとえばペットの飼育のようなテーマでも議論百出になり、ときには感情的な対立が長く続いて居住者の間に溝が生まれ、マンション内の空気が冷え冷えとしてしまうこともあります。

もちろん、全国で8万程度あるといわれる管理組合のなかには、前記の指針の趣旨に沿った管理組合運営を行っている組合もあります。ただ、こうしたマンションでも一部の中心メンバーに負担が集中することによる「独裁化」が懸念されたり、役員の高齢化が進むなかで自主的な運営を続けることが難しくなっているところが出てきています。

このような問題はありますが、それでも日常的な清掃やメンテナンスを計画どおり実施したり、長期修繕計画をもとに大規模修繕工事を行うことは、管理会社のしっかりしたサポートがあったり、熱心な役員さんがいる限りは、それほど難しいことではありません。

しかし、マンションの建替事業を行うためには、日ごろの維持管理とは比較にならないくらい大きな労力やエネルギーが必要です。生活の基盤であるとともに大切な資産であるマンションを建て替えることになると、日ごろの管理組合の運営では表面化しないような区分所有者間の意識の違いが浮かび上がってくることもあります。建替えについて相談や検討をしたいというだけでも反対意見が出たり、検討を進めるなかで深刻な対立が起きることが珍しくありません。

管理会社も建替えの経験はあまりありませんから、適切なアドバイスができるとは限りません。長い時間とエネルギーが必要なうえに、区分所有者間の対立が激化することもある建替えに関わることは、ビジネス上得策ではないと考える会社もあるかもしれません。

現在のマンション管理の仕組みのなかで建替えに取り組む際、さまざまな問題は、まず管理組合や区分所有者の肩に直接かかってきます。役員や中心になる人が、それまでの管理組合運営とは格段に違う時間や労力を投入しなければ建替えは成功しません。

上作延第三住宅の場合は、マンションの将来を考え、建替えの勉強をはじめた当初から、他者に頼らず区分所有者たちが建替事業の主役は自分たちだという意識と行動を持ち続け、主体性を持って取り組んできました。こうした他人任せにしない「自己責任」で事に当たるという、生活と財産の維持に最も必要な立場を終始貫いたことが、多くの困難があったにもかかわらず、それを比較的容易に乗り越えることができた原動力だといえます。

建替事業は、現在のマンションを解体し、新しいマンションを建てることですが、そのプロセスはデベロッパーが通常のマンション事業を行うことに比べてはるかに複雑です。当事者である区分所有者がしっかりしていなければ、どれほど外部の応援や協力があっても建替えは成功しません。

上作延第三住宅の建替えは、長い時間をかけた区分所有者の努力の積み重ねで、多数の人が賛成の意向を固め、建替え決議が成立した時点で、D社が新しく事業協力者として登場しました。同社は文字どおり「協力者」の立場で区分所有者の想いを理解し、主体性を尊重して、マンション企業としての専門的知識・技術・経験を提供して事業の仕上げに寄与しました。デベロッパーの熱意を引き出し、パートナーシップによる事業ができたのも、個々の区分所有者と管理組合が、自分たちの事業という意識で取り組んできたからです。

②……早い段階からマンションの将来を考え、建替えの勉強をはじめた

建替えを成功させた第2の要因は、早い段階からマンションの将来を考え、建替えの勉強をはじめたことです。

上作延第三住宅で最初に建替えについての具体的な動きがはじまったのは、1995年（平成7年）8月に、当時自治会長だった松井克充さんを中心に建替え委員会が設立されたときにさかのぼります。神奈川県住宅供給公社による割賦型の分譲住宅でしたから、ローン（割賦）を完済するまでは、区分所有権が公社に留保されていました。したがって、この当時はまだ管理組合が存在しませんでしたが、「将来のことを考えなければ……」という気持ちを抱いた13人の発起人が具体的な行動を起こし、みんなに呼び掛けたわけです。団地が竣工し入居が始まった1967（昭和42）年から、築後29年が経過したときでした。

上作延第三住宅が建設された時代は、1964（昭和39）年の東京オリンピック開催時の第1次マンションブームと、1968（昭和43）年からはじまる第2次マンションブームの間の時期でした。鉄筋コンクリート造の集合住宅といえば、まだ日本住宅公団[★2]や地方住宅供給公社が建設した賃貸団地が中心の時代で、分譲マンションはほとんど普及していないころ

★2
1955年に中産階級に良質な住宅を供給するために設立。団地供給やニュータウン建設を行った。81年に宅地開発公団と統合、住宅・都市整備公団（住都公団）が設立、99年には都市基盤整備公団（都市公団）に改組、04年、都市再生機構になった。

でした。ちなみにD社の第1号物件が東京・赤坂に誕生したのは１９６７（昭和42）年でした。

当然のことですが、上作延第三住宅の建物や設備の水準は、その後の高度経済成長と数次にわたるマンションブームを経たのちのマンションと比べれば相当見劣りするもので、マンションを維持管理する仕組みやノウハウも未成熟でした。

１９９５（平成7）年の「建替え委員会設立総会のお知らせ」には「当分譲住宅も建設より25年が経ち、数年前より建物や、設備面において不都合な部分が多く表れてきています。給水管の老化により赤水が出るところや、３・４階の水圧の低下。水漏れや、地盤沈下による外部階段のひび割れ。台所や洗面所の不便さ、排水管の錆《さび》や、鉄部の塗装の問題。その他外壁の汚れ等、数回にわたる皆様からのアンケートで明らかになってきました」と書かれています。建物・設備が老朽化し生活にも支障が出はじめていたことが、建替えの検討をはじめた大きな要因だったことがわかります。

記録には残っていませんが、１９９５年1月に阪神・淡路大震災[★3]が発生し、旧耐震基準時代に建設されたマンションやビルが多数倒壊するなど、大きな被害を受けたことも、上作延第三住宅の区分所有者の意識に影響を与えたはずです。

後で再び触れますが、建替えをするためには区分所有者の大きなエネルギーが必要なだけに、区分所有者や居住者の高齢化が進めば、建替えのために力を出そうという意欲はどうしても減ってきます。比較的スムーズに事業が進捗した上作延第三住宅の場合でも、最初の動きから建替えによる新マンションが完成するまでには10年の歳月を費やしました。建替え成功事例としてよく知られている江戸川アパート[★4]で最初に建替えの話が持ち上がったのが１９７２（昭和47）年、新しいマンションが完成したのは２００５（平成17）年でしたから30年以

★3 東京カンテイの調べによると、95年1月に発生した阪神・淡路大震災では２５３２棟（大破83、中破１０８、小破３５３、軽微１９８）が損壊。うち、99年12月までに１０５棟が建て替えられている。

★4 １９３４年に東京都新宿区に同潤会が建設した２棟、２５８戸の共同住宅で、建設当時は東洋一のアパートメントハウスといわれた。等価交換方式により２００５年５月に建て替えられた。

上かかったことになります。マンションの建替えや本格的な改修工事を行うためには、区分所有者の意見がまとまるまでに多くの時間がかかることを前提にした取組みが必要になるわけです。

前出の松井さんたちによる「お知らせ」にも「すぐに建て替えるわけでなくても、そのような状況になったときにスタートするのでは間に合わないことが考えられます。また、施設設備の改善において、多額の費用がかかるのであれば、建替えも含めた総合的な計画も必要になることは明らかです。このような状況において、現時点で、建替え委員会を設立させておくことは、よい時期であると考えられます。建替えをするかどうかは、色々な資料を検討し、そのときに判断すればよいわけです」と書かれています。

「建替えなんてまだ早い」と思うころから、マンションの現状を把握し、将来を考えておくことが、実際に建替えが必要になったときに、スムーズな取組みができる重要な条件であることを上作延第三住宅の経験は教えてくれます。

③……居住者のなかに建替えに詳しい人がいた

上作延第三住宅の建替えが全体的にみれば比較的スムーズに行われた要因として、区分所有者のなかに建替え事業に詳しい島野哲夫さんがいたことも挙げることができます。自宅のマンションで建替工事に取り組んだ島野さんが、いわば仮住まいのような形で越してきたのは、上作延第三住宅の人たちにとって幸運なことでした。ＮＰＯ法人「集合住宅の将来を考える会」の理事長でもある島野さんは、この当時、国土交通省が進めていたマンション建替えについての新しい仕組みの検討にも関わっていました。

阪神・淡路大震災をきっかけに、国でもマンション建替えの重要性が認識されるようになり、国土交通省は「マンション総プロ」★5の一環として本格的に建替えについて検討してきました。その成果も受けて区分所有者が建替組合を設立して事業を行うことなどを盛り込んだ「マンション建替え円滑化法」が2002（平成14）年6月に制定、12月に施行されました。

島野さんは、この新しい建替えの仕組みを解説するマニュアルの作成に関わっていました。かねてから建替えについていろいろ考えてきた上作延第三住宅の区分所有者たちは、自分自身で建替えの経験をしたうえに新しい制度についても詳しい島野さんから、最新の制度について教えてもらうことができたわけです。

建替え円滑化法ができるまでは、区分所有法にもとづいて管理組合で建替え決議をしても、その後の事業の進め方が明確になっていませんでした。ところが新しい制度では、区分所有者の主体性が確保され、建替組合を結成して権利変換等法的な手続きもできるようになりました。これにより、住宅ローンを貸している金融機関等の権利関係者が建替えに協力しやすくなり、ローン返済中の人でも新しいマンションの権利をスムーズに取得できることになりました。

なんとかして自分たちの手で建替えを行いたいと考えていた上作延第三住宅の人たちは、島野さんから新しい制度の説明を聞いて、「これなら、自分たちの手で建替えができる！」と勇気づけられました。そして、「マンション建替え円滑化法」が、まだ国会で審議されているころから、島野さんを中心に新しい制度について勉強会を行い、自分たちが目指してき

★5 国土交通省が1997（平成9）年度から2001年（平成13）年度の5年間にわたり取り組んだ総合技術開発プロジェクトの通称。マンション問題を解決し、その質の向上をはかるために、新築時、改修時、建替え時を通した技術開発を総合的に行った。

たことが間違いなかったことを確信することができたわけです。

区分所有者全員が供給公社への返済を完了し、新しく設立された管理組合理事長に就任した鈴木啓之さんをはじめ上作延第三住宅の人たちは、建替えのプロである島野さんにコンサルタントとしての役目も期待し、この期待に島野さんも応えました。さまざまな分野の専門家を管理組合に紹介するとともに川崎市役所にも相談をしました。また、区分所有者の意向を一人ひとり聞き、それぞれの事情や問題の解決策をアドバイスすることで、それまで建替えを難しいと考えていた人も、これならできるかもしれないと思うようになりました。

幸運に幸運が重なった面もありますが、居住者のなかでは新顔の島野さんの知識や経験を活用し、その発言に耳を傾け、積極的に活動することを依頼した区分所有者たちの賢い判断も、その後の事業の進捗に寄与しました。

もちろん、これは上作延第三住宅の特殊条件だった面もあります。島野さんのような建替事業に詳しい人が居住しているマンションは、めったにありません。しかし、数十世帯、数百世帯が暮らしているだけに、どこのマンションにも建築、法律などの専門知識を持っている人、関係する会社などに勤めている人がいる可能性は大きいです。こうした人の知識・技術・経験などは建替えに直接関連していないとしても、日ごろのマンションの管理運営に生かすことはできるはずです。

マンションは癒しの場、憩いの場ですから、家庭生活の場に仕事の延長のようなことを持ち込みたくない、どんな仕事をしているのか知られたくないと思う人も多いでしょう。それに現職の人は忙しいですから、実際に協力をすることが難しいかもしれません。団塊世代等のリタイア組ならば豊富な経験や知識を日ごろから管理組合に提供できる人が必ずいます。

日ごろから居住者の得意技をお互いに知っておけば、災害対策などの面でも心強いものです。居住者のなかのプロが積極的に活動できるような環境づくりを進めておけば、建替えなどのときに大きな力を発揮することになるでしょう。

④……みんなの想いをまとめるために労を惜しまず働く人たちの、〝つながり〟があった

上作延第三住宅で建替えの検討がはじまってから、事業が完了した13年の間には亡くなった方もいます。1995（平成7）年にできた「建替え委員会」代表で建替組合発起人にもなった松井さんは2005（平成17）年に他界され、同じく建替組合役員として苦労された井口さんも、新しいマンションに入居してから10ヵ月後に亡くなりました。

建替事業は区分所有者みんなが参加する一大事業です。それだけに、みんなの意見を取りまとめ、事業を具体化するリーダー役の人にとっては、長期間にわたり苦労の絶えない長距離レースになります。マラソンのように一人のランナーが走り続けることもできますが、上手にタスキを受け渡しながら完走する駅伝のようなレースにならざるを得ないことも多いはずです。

上作延第三住宅では、建替えについて考えはじめたのが早かったため、区分所有者の関心も高くなり、管理組合や建替組合設立準備委員会の役員を引き受ける人も多くいました。このため、特定の人の負担が重くならないように巧みな選手交代を行うことができたことも、建替事業が途中で挫折せずに成功した要因です。

建替事業を進めるうえでは、個々の区分所有者の抱える経済的な問題等の相談に乗り、解決策を考えることも大きなテーマになります。また、生活の場である住戸の位置、間取り、仕様などへのこだわりもあります。また、建替事業に参加しない人の立場を理解したうえで協力を求めることも大切なことです。それぞれの人の想いを建替事業に取り込むためには、区分所有者の家庭のなかの事情にも触れることもあります。上作延第三住宅では強力なリーダーシップで全体を引っ張っていく人はいませんでしたが、みんなの心を大切にし、協調性を重視する人たちが推進役になったことが、息の長い行程を一歩一歩着実に進める建替事業に適していたといえます。建替事業のなかで問題になりやすい賃借人との関係も、団地の草刈りなどを通じた日ごろの信頼関係ができていたことが功を奏して、トラブルになることはありませんでした。

協調性に富んだ人たちが多く人間関係を大切にしてきたことも、近隣の協力を得るうえで役に立ちました。マンションを建設するときには、必ずといってもよいほど、周囲の人たちからの反対が起きます。しかし、4階建ての上作延第三住宅を建て替えて5階建てのライオンズ溝の口レジデンスを建設することに対して、工事についての要望はありましたが、反対の声はほとんど出ませんでした。これも日ごろの交流によって気持ちが通じあっていたからでしょう。

建替え決議が可決された後、建替組合設立から権利変換計画が認可されるまでの半年超の期間は、鈴木さんたち役員にとって、とりわけ気の抜けない多忙な日々の連続でした。それぞれの人が仮住まいで暮らしているために連絡を取るのも大変でしたが、頻繁に会合を重ねたことで、役員の間だけでなく、多くの区分所有者の意思疎通が行われてきました。事業協力者の変更などをめぐって生まれかけた意見の違いなども、役員が一部交代することで解決し、結果的にはみんなの気持ちがさらに強く結ばれることになりました。

建替組合の解散総会の後の懇親会で組合役員等として苦労された人たちに、組合員一同から感謝状が贈られましたが、その人数は11人。上作延第三住宅の全48世帯のなかで、多くの人がこの事業を積極的に推進したことがわかります。

みんなの想いをまとめるために労を惜しまず働く人たちのつながりが、長期にわたる建替事業を成功に導く原動力になりました。

⑤……建替えを視野に入れて管理組合活動を進めた

上作延第三住宅の管理組合が結成されたのは、築後35年が経過した2001（平成13）年12月8日のことでした。前述したように、売主である神奈川県住宅供給公社が割賦方式で販売し、借入金を完済するまで所有権を留保してきたため、それまでは区分所有関係がなかったからです。しかし、管理組合結成の10年前から建替えについての検討が行われ、多くの区分所有者が理解を深めてきましたから、設立当初から建替えが管理組合の大きな目標になりました。通常の修繕工事等も供給公社との話し合いをして、建替えを意識して数年前から必要最小限の工事しか実施してきませんでした。こうした経緯をもとに、組合の設立総会から2ヵ月余り経った02（平成14）年2月に、理事会は建替えについて管理組合として正式に検討することを組合員に伝え、意見交換をはじめました。

管理組合が設立当初から建替えを目標にし、区分所有者の気持ちが大きな方向でまとまっていたという例は、おそらくほかのマンションにはないでしょう。もちろん、これは上作延第三住宅の特殊な事情によるところが大きいですが、これから建替えの検討を始める管理組合にとっても参考になることです。

現在、多くのマンションの管理組合には長期修繕計画と修繕積立金の仕組みはありますが、これは、あくまでも現在の建物・設備を維持保全することを目的にしています。建替えはもちろんのこと、大がかりな改修工事を行うことは想定していないのが普通です。このため、建物の段差を解消してバリアフリー化するような大がかりな改修工事を行うようなときは、簡単に意見がまとまらないことがあります。

現在の長期修繕計画や修繕積立金は、極端にいえば建物・設備と区分所有者・居住者の両方とも、いつまでも元気な状態でいることを前提にしています。しかし、堅固な建物のマンションといえども、老朽化やライフスタイルの変化に対応できなくなり、いつかは全面改修[★6]（リノベーション）か建替えをする時期を迎えることになります。

最近は200年住宅という考え方も提起されていますが、上作延第三住宅のような初期に建設されたマンションは、4階建て、5階建てでもエレベーターがないことなど現代の生活に合わないことや、耐震強度が低いため長寿命化するのが難しいといわれています。

その一方で、区分所有者の高齢化が進むと、もっと暮らしやすいマンションにしたいという希望は増えても、改修や建替えをするために時間をかけてみんなで話し合ったり、お金を負担することは難しくなります。建替えはもちろんのこと、大がかりな改修工事をするためには、大きなエネルギーが必要になりますが、高齢になると、どうしても問題を先送りしや

★6
既存建物の経年にともない、時代に合わなくなった機能や性能を、建物を建て替えずに向上させ、価値を高めること。具体的には、耐震性などの安全性確保、耐久性向上、冷暖房換気、給排水設備やIT化対応などの設備更新のほか、外壁の補修から間取り変更など大規模な改修工事を行うことが多い。

すくなり、その結果、老朽化も加速するという悪循環に陥ることになります。

こうしたことから、早い段階から20年先、30年先のことを考え、全面的な改修や建替えなどについて問題意識を持つことは、管理組合の重要な役割の一つです。新築時から長期修繕計画や修繕積立金を設けているのと同じように、将来必ず必要になる改修や建替えについても当初から考える仕組みを用意しておくことも、区分所有住宅であるマンションには本来必要なことです。

入居当初から改修や建替えを考える仕組みを用意するのは理想論だとしても、既存のマンションが管理規約のなかにたとえば、築25年といった一定の時期が到来したら、改修や建替えなどを含む、マンションの将来について検討する専門委員会を設置するというような規定をあらかじめ設けておくことはできます。こうした規定を設けておけば、改修や建替えを含むマンションの将来計画を、管理組合が早い段階で公式に検討することができるわけです。

これはあくまでも一つの例ですが、そのマンションに合った形で、将来発生する問題に取り組む準備をしておきたいところです。

⑥……みんなの権利が平等になるようにした

管理組合総会で建替え決議をするためには、区分所有者数と議決権数の各5分の4以上の賛成が必要です。これは区分所有法で決められているもので、管理組合の判断で変えることはできません。

ところが、各区分所有者の議決権[★7]は、規約に特段の定めがない限り、各区分所有者が所有する専有部分の床面積の割合とすると区分所有法は定めています。別の見方をすれば、住戸によって床面積の割合が違う場合でも、管理組合の判断によって規約で特段の定めをし、たとえば一住戸一議決権とすることも認められているわけです。

管理組合総会で通常の議題を議決する場合には、個々の区分所有者が所有する専有面積の広さと議決権の関係が問題になることはあまりありません。しかし建替えをする場合には、専有面積のわずかな違いが評価額の違いとなり、建替え後に取得する新しいマンションの住戸の広さにも反映します。専有面積の広さと議決権の関係について問題が起きることもあります。

上作延第三住宅は、住戸の専有面積が46㎡と52㎡と、わずかですが違っていました。管理組合の設立を準備するとき、鈴木さんたちはすでに近い将来、建替え決議を行うことを考えていましたから、この専有部分のわずかな面積の違いが、なんらかの形で障害にならないようにしたいと、管理規約に48戸の区分所有者が全員平等に48分の1の権利を持つことを明記することにしました。この規約は01（平成13）年12月の管理組合の設立総会で全員一致の賛成で採択されました。区分所有者みんなが心を合わせて建替事業に取り組むための、大事な地ならしをしたことになります。

公団や公社が分譲した団地型の建物では、上作延第三住宅のように、専有面積にあまり違いがないのが普通ですが、分譲マンションでは大小いろいろな住戸タイプがあります。このため上作延第三住宅のように管理規約で全戸の議決権を平等にすることは難しいことが多いでしょうが、多くの区分所有者が建替えに賛成できるように、議決権を工夫する場合も考え

★7
区分所有者法には、議決権が次のように記されている。
第14条　各共有者の持ち分は、その有する専有部分の床面積の割合による
第38条　各共有者の議決権は、規約に別段の定めがない限り、第14条に定める割合による

られます。いずれにしても、個々のマンションの実状に合わせて判断すべきでしょう。

改修や建替えについて検討をはじめるときには、規約の内容を精査することも必要になりますから、その際、議決権についても再考したらいかがでしょう。なお、規約を改正するためには、総会で区分所有者数と議決権数の各4分の3以上の賛成が必要です。

⑦……日ごろから住民相互のコミュニケーションがよかった

上作延第三住宅は、2棟のそれぞれ4階建ての建物で、4つと2つの階段室を持つ典型的な団地タイプでした。同じようなほかの団地でもよくあるように、階段室の両側の8戸の居住者は日ごろからなにかと相談をすることが多く、親しい関係ができやすいものです。また敷地のオープンスペースが広く開放的ですから、駐車場、自転車置き場などで住民どうしが井戸端会議や雑談を交わす機会もありました。最近のマンションはコミュニティ施設が充実していますが、上作延第三住宅では特別な施設はないものの、団地の敷地全体がコミュニティ広場の役割を果たしていたようです。

入居した当初は、隣接する賃貸団地の人たちと一緒にお祭りなども行ったようで、子供が大きくなってからはとくにイベントなどを行うことはなくなったものの、団地内外の住民相互のコミュニケーションは終始よかったといいます。とくに、居住者みんなの意思疎通に役立ったのが、居住者全員が参加する毎月1回の草刈りでした。ここで建替えの話がどうなっているかの情報も自然な形で伝わり、意見が交わされてきたのです。

マンションの建替事業は、単に古くなった建物を取り壊して新しい建物を建てることではありません。長い間、暮らしてきたみんなの生活の場を、もっと住みよくするための事業です。それだけに日ごろの居住者どうしのコミュニケーションや人間関係の良し悪しが、事業の行方を左右するといっても過言ではありません。それまで住民どうしの交流やコミュニケーションがほとんどないマンションでは、少なくとも内部から建替えの話が出ることはなかなか期待できません。

また建替事業を行うためには厳格な法的手続きや手順を踏む必要がありますが、それら手順をスムーズにするためには、公式に議決等を行う前に、さまざまな形で区分所有者どうしの話し合いや相談をすることになります。こうした「根回し」を可能にするのも日ごろのコミュニケーションです。こうしたコミュニケーションは、防災や防犯のためにも役立つことが多いもので、快適なマンション生活を送るための大切な要素です。

最近は一人暮らしのお年寄りが急に体調を崩し、看《み》とる人もいないまま孤独死をすることも少なくありません。高齢の居住者が増えてきたところでは、日ごろから安否の確認やちょっとしたことを手助けするようなお付き合いも必要です。また、居住者どうしの日ごろのコミュニケーションが良ければ、居住者が自主的にマンションをこまめに手入れをすることで結果的には建替え等が必要になる時期を先に延ばすことができるかもしれません。また、マンションにいろいろ不具合なところが出てきていることをお互いに認識して、そろそろ本気でマンションの将来のことを考えなければ……というきっかけになるかもしれません。

なお、建替えの計画が具体化する過程では、否応《いやおう》なしに各家庭の内情がわかるようにもなります。江戸の長屋では、落語にも出てくるようになにもかも筒抜けだったといいます。建替えの過程でも、ときには聞かないふり、見ないふりをすることが思いやりといった場面もあるかもしれません。上作延第三住宅の人たちも、建替えをすることによってお互いの理解や思いやりの心がさらに深くなったといいます。建替事業には大人のコミュニケーションを育《はぐく》む場という面もあるようです。

⑧……管理会社のスタッフの理解が深く、適切なアドバイスがあった

管理組合設立から解散までのおおよそ4年間、建替えにむけてひたすら走る上作延第三住宅管理組合に、適切なアドバイスを送ったのが神奈川県住宅供給公社の原田佳明さんでした。

建替えの公式な手続きの第一歩は、法律に定められた手順を踏んで管理組合が建替え決議をすることです。この手続きにミスがあると、どれほど多くの区分所有者が建替えを望んでいても、少数の反対意見に対抗することができませんし、最終的には建替えができたとしても、手戻りや時間の無駄が生じることになります。

原田さん自身も円滑化法制定、区分所有法改正など、スタートしたばかりの新しい制度についての知識はゼロの状態だったといいます。できたばかりの制度や仕組みの勉強をしながら、ともすればことを急ぎがちの管理組合が、手続きなどでミスをしないように、ときには励まし、ときにはブレーキを踏みながら、陰で支えた原田さんたち管理会社のスタッフが果たした役割は大きなものがあります。

たとえば、原田さんのアドバイスを受け、管理組合はまだ国土交通省が公表したばかりの

新しい「マンション標準管理規約」にもとづいて、建替え決議のための手続きを明記した内容に管理規約を改正しました。また、建替え決議をするためには、建替えの計画だけでなく、建物・設備の状態が修繕や改修では居住性や安全性を十分に確保できないことを具体的に説明するなど、建替えが必要な理由を示さなければなりません。これについても原田さんの協力で、管理組合、供給公社、保全センターで建物の検査を行い、建替えの必要性を明らかにすることができました。建替え決議の後も、管理組合として行うべき法的な手続き等について、原田さんがその時々の状況に応じたアドバイスを続けたことが、大いに役立ったと鈴木さんたちは言います。

マンションの管理会社の多くは、日常の管理や大規模修繕工事のことについてのプロですが、全面改修や建替えについては、まだ経験が少ないこともあり、それほど詳しくはありません。これからの時代は建替えを検討する管理組合も増えてきますから、建替えなどマンションの将来についての問題意識と知識も、管理会社にとって不可欠な能力になるはずです。

管理会社のなかには、清掃やメンテナンスなどの管理業務の枠を超えた仕事には、まだ積極的に取り組む体制をとっていないところもありますが、管理組合にとって管理会社は大切なパートナーです。管理組合が建替えについて自ら勉強をするとともに、業務委託先である管理会社にも、改修や建替えについて勉強することを求めて、能力の向上を促すことも必要です。

管理組合のなかには、管理委託費の高い・安いには関心を持っても、改修や建替えなど、マンションの将来に関わるテーマについて管理会社がどのような問題意識を持っているのか、意欲や能力等があるのかは、あまり問題にしないこともあるようです。しかし、管理会社がマンションの将来をどう考えているのかは、日常管理の良し悪しと同等か、あるいはそれ以上に重要といえる問題です。管理会社がこうした面からみて、パートナーとしての資格があるかどうか再検討をすることも必要でしょう。

⑨……行政を味方につけ、真剣に取り組んでもらった

マンション建替え円滑化法が制定されたのは2002（平成14）年6月、施行されたのは同年12月でした。円滑化法は、建替組合の設立や権利変換計画等の認可は都道府県知事や政令指定都市等の市長が行うことになっています。また、円滑化法の施行にともない国土交通大臣は「マンションの建替え円滑化等に関する基本的な方針」（以下、基本方針）を定めましたが、そのなかで地方公共団体は、相談・情報提供体制の整備、工事期間中の仮住居としての公共賃貸住宅の活用、総合設計制度（→193ページ）等の建築規制の特例制度の活用、優良建築物整備事業等の活用による必要な支援の実施、賃貸人および転出区分所有者の公共賃貸住宅への優先入居などの施策をとることになっています。

このように円滑化法で地方公共団体（上作延第三住宅の場合は川崎市）が大きな役割を果たすことになりましたが、法律制定後そのための体制を整えるにはある程度の時間がかかります。円滑化法の場合、法律の制定から施行までの6ヵ月間が行政にとっては準備期間ということになります。

上作延第三住宅の管理組合役員が初めて川崎市まちづくり局を訪れ、円滑化法にもとづき

建替組合を設立する場合などに、どのような形で協力が得られるかを相談したのは02（平成14）年7月17日、法律の制定から1ヵ月経ったときでした。まだ、これから国から説明を受けて体制を整えようとしているところでしたから、市役所の担当者はさぞかし驚いたことでしょう。

こうした場合によくあることは、行政がいわゆる「お役所仕事」になって、できるだけ面倒なことには巻き込まれたくないと消極的になることです。しかし、上作延第三住宅の建替えに対する市役所の対応は、お役所仕事とは縁遠いものだったようです。国交省や建替えを経験したことのあるほかの自治体にも問い合わせるなど、事業を成功させるためにどうしたらよいかを考え、協力をしてくれました。建替組合設立の認可手続きの最中に参加組合員の変更といった難しい問題が起きたときにも、関係者の話をよく聞いたうえで、区分所有者たちの建替えを成功させたいという想いを実現するために、きめ細かいアドバイスをしてくれたと鈴木さんたちは振り返ります。「また来たのか」と担当者が思うほど、毎日のように市役所を訪れる建替組合の役員の熱意が、行政の担当者の心を動かしたわけです。

円滑化法にもとづく建替えは、公的な性格を持った事業だけに行政と連携することが欠かせませんし、支援制度も用意されています。上作延第三住宅の建替事業でも優良建築物等整備事業による補助金など、住民たちの気持ちを支えた行政の力が大きな役割を果たしました。

マンションの維持管理や建替えは、区分所有者の問題だけでなく、地域社会の住環境や安全にも深く関わることです。良質な住宅ストックを形成するため、マンション管理適正化法や円滑化法は、地方自治体はマンション管理や建替えなどに積極的に取り組むことを義務付けています。マンションが多いところでは自治体の姿勢も前向きになっていますが、市役所や区役所等は住民からのさまざまな要望に応えるために多くの業務を抱えていて、建替事業にそれほど多くの力を割くことができないのが実情です。行政を味方にするためには、ただ支援を要求するだけでなく、まず自分たちが一生懸命、本気で取り組んでいるという熱意を示すことが大切です。

⑩……区分所有者と事業協力者のパートナーシップが形成された

上作延第三住宅では区分所有者主導の建替事業でしたが、一般的にはデベロッパーや建設会社が管理組合の働きかけによって事業が進むことも少なくありません。区分所有者のなかから建替えを考えたいという声が出ても、さまざまな意見があるため管理組合として容易に動けないこともあります。こうしたときには、デベロッパー等の働きかけがきっかけとなって、有志が勉強会を設けることで話が前に進むこともあります。

建替事業はデベロッパーが普通に土地を買ってマンションを建設し分譲することよりも複雑な事業です。区分所有者や管理組合の想いや熱意が基本になりますが、事業を具体化するためには、経験豊富なデベロッパー等を上手に活用することも欠かせません。

上作延第三住宅の場合も事業協力者・参加組合員としてD社が、区分所有者の想いを実現する上で大きな役割を果たしました。とくに建替組合事務局として縁の下の力持ちの役割を担ったことを区分所有者たちは評価しています。

第1部で鈴木さんが再三述べているように、上作延第三住宅の管理組合・建替組合は、区分所有者が自ら努力し頑張ることで共同事業の主役としての役割を果たし、より良い条件で事業を進めるという立場を貫きました。それは他方では合意形成段階だけでなく、建物の解体や新しいマンションの建設段階でも自分たちが多くの不慣れな実務を担うことにもなります。このため仮住居に移転してからも、建替組合の役員は毎週1回以上のペースで集まり、理事会を開きさまざまな課題に対応してきました。

これらの実績を実務面で支えたのが、参加組合員であるD社から派遣された4人の事務局スタッフでした。建物解体、建築確認などの建物建設のための段取り、権利変換のための業務、住宅ローンなどの手続き、補助金の申請等々……専門的な知識と実務力が要求されるさまざまな業務は、事務局スタッフの昼夜をいとわぬ活躍がなければとうてい実現しなかったと鈴木さんたちは回想します。事務局のスタッフや設計者・施工者は各住戸内の設計や仕様についても、それぞれの区分所有者からの要望にきめ細かく応えるなど、区分所有者たちが当初考えていた以上の形で事業を完成させることに貢献しました。

建替事業とは老朽化して居住性と資産価値が低下したマンションを建て替え、新しい価値を創造する仕事です。マンション事業に精通したD社の社員が、建替組合の事務局スタッフとして実務を担ったことで、区分所有者の想いを具体的な形として実現することができました。

上作延第三住宅の建替事業は、区分所有者たちの強い意志が、マンション事業デベロッパーとともに互いの「やる気」を引き出し、両者が実務での協力を通して信頼関係を深めることで、大きな成果を挙げたわけです。

以上、建替事業を成功に導いた要因を10項目に整理しました。このなかには一見すると上作延第三住宅の特殊事情のようなこともありますが、実はこれから建替えや再生に取り組む多くのマンションにも当てはまることが多いはずです。

次章からは、もっと住みよく、価値あるマンションにするために、これから再生や建替えに取り組むことを考えている管理組合や区分所有者の皆さんに、あらかじめ知っておきたいことを、かいつまんで紹介します。

c o l u m n

マンション建替えと訴訟

マンション建替えをめぐる訴訟で初めて最高裁判所が判断を下したのは、2001（平成13）年6月です。1967（昭和42）年に建設された「新千里桜ケ丘住宅」（大阪府）の管理組合が1996（平成8）年に行った建替え決議に対して、一部の区分所有者が老朽化していないとして決議は無効という訴えを起こしたものです。判決は老朽化が進んでいるため修繕工事等では費用がかかり過ぎるとして、建替え決議は有効と判断しました。

この訴訟は、まだ区分所有法改正と建替え円滑化法制定前で、建替え決議をするためには「老朽、損傷、一部の滅失その他の事情に照らし、建物がその効用を維持し、又は回復するのに過分の費用を要するに至ったとき」という条件を満たす必要がありました。このため老朽化しているかどうかをめぐって、区分所有者の間で意見が対立し訴訟になったわけです。

同じような訴訟は1995（平成7）年1月に起きた阪神・淡路大震災で被災した「六甲グランドパレス高羽」でもありました。1997年1月の管理組合総会の建替え決議に対して、区分所有者が「費用の過分性」が示されていないなどの理由で決議無効の訴えを起こしたものです。2003年6月最高裁は、多数の区分所有者の意思を尊重し、建替え決議は有効という判断をしました。

これらは、まだ2002年の区分所有法改正前の、建替え決議をするための条件である老朽化や費用の過分性をめぐって、区分所有者の間で意見が対立し訴訟になったわけです。

現在は上記のような建替え決議をするための条件は削除され、区分所有者数および議決権の各5分の4以上の賛成で建替え決議をすることができるようになりました。

とはいえ、マンションが建替えが必要な状態か、修繕や改修でも対応できるのか、みんなで話し合うことは必要です。区分所有者が原告・被告になって争うようなことは本当に不幸なことですし、裁判で決着がつくまでには長い時間がかかります。こうした対立を防ぐためにも、マンションの将来について早めに検討を始めることが必要です。

第2章 マンションの将来を考える

1 築30年超は1万4千管理組合、建替え成功は100組合

日本で分譲マンションが初めて誕生したのは1951（昭和26）年だといわれています。それから60年近くが経過し、現在では全国のマンションストックが520万戸を超え、全人口の10％以上の人がマンションで暮らしています。マンションが誕生して以降、供給が活発に行われてきた東京の都心3区では、マンションに住む世帯が全体世帯の75％を占めるまでに普及しています。また東京23区全体でも26％を超え、政令指定都市では福岡市が27％、横浜市や神戸市でも26％を超えています。

かつてはマンションを庭付き一戸建て住宅が手に入るまでの仮住まいと考える人がほとんどでしたが、現在では生涯マンションで暮らすのも当たり前のライフスタイルになっています。日本では高齢化と人口減少が深刻な問題となるなかで、利便性の高いマンションを生活の場と考える人は、今後ますます増えるに違いありません。

このようにマンションが都市居住の主流となり、生涯居住の場になるなかで、一方で大き

な課題となっているのが、ストックの荒廃を防ぐこと、つまり、建設から数十年経過したマンションの再生や建替えです。2008（平成20）年8月現在、ストック総数約520万戸のうち、築後30年超のマンションはおよそ70万戸といわれています。

ひとくちにマンションといっても戸数や建物の形態はさまざまですが、一つの管理組合の平均戸数が50戸程度であることから、築後30年超の総戸数70万戸は管理組合数にして約1万4千組合ということになります。しかし、その一方で、現在までに建て替えられたマンションは、阪神・淡路大震災で被災したために建て替えられたものを除くと、07（平成19）年現在で100棟余りにすぎません。

02（平成14）年にマンション建替え円滑化法が制定されたものの、現在までのところ当初期待されたほど建替えが進んでいないことになります。その原因は区分所有者の合意形成がきわめて難しいということに尽きます。区分所有者の高齢化が進んでいること、容積率の余裕がないこと、自己資金がないといった事情によって、建替えについての意見がまとまりにくいからです。

今後、築年数が経過したマンションが急速に増え、10年後には築年数が30年を超えるものが180万戸に達します。区分所有者の高齢化もさらに進むうえに、容積率[★8]に余裕のある旧日本住宅公団や、上作延第三住宅のような地方住宅供給公社による分譲団地以外の、容積率を目いっぱい使っている民間デベロッパーによる分譲マンションでも高経年のものが多くなります。

容積率に余裕がないマンションを建て替えるためには、建替えで生み出した住戸を販売して事業費を捻出することができませんから、区分所有者が工事費の全額を負担しなければな

★8
敷地面積に対する延床面積の割合。都市計画で容積率を定めている場合は、原則として、これを上回る容積率の建物を建ててはならない。

りません。なかには阪神・淡路大震災で被災したマンションの建替え時に問題になった、現在の建物の使用容積率が、都市計画による指定容積率を上回る既存不適格のマンションも少なくありません。既存不適格のマンションの場合は、特例措置がなければ現在の広ささえも確保できないことになります。

区分所有法改正によって、そのマンションだけでは建替えが困難なことも考えて、隣接地を合わせて建替えをすることも可能になりましたが、これも簡単には実現できません。

とはいえ、手をこまねいているだけではマンションの老朽化と区分所有者や居住者の高齢化が進むだけです。幸い、最近は全面改修（リノベーション）などの再生手法についての技術も進歩しています。建替えに限らず、さまざまな方法を選択することができるようになっています。

マンションは多くの居住者の生活の場であるとともに、区分所有者にとっては大切な資産で

新規供給戸数とストック戸数

（国土交通省資料を元に作成）

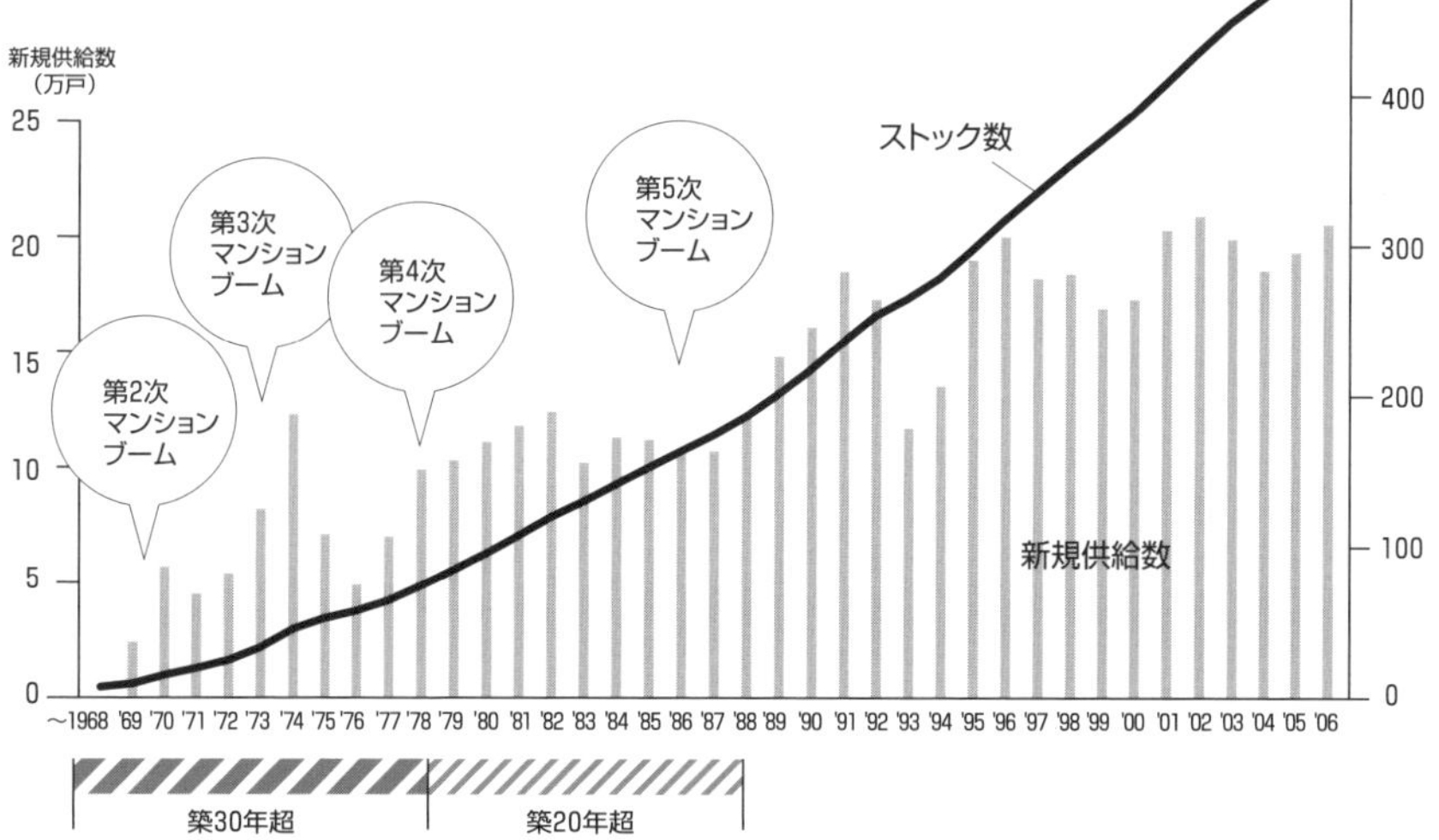

c o l u m n

マンション管理にもPMとFMの発想を

業務ビルや商業施設ではプロパティマネジメント（PM）やファシリティマネジメント（FM）という考え方が常識になっています。長期的な視点で、建物の価値を維持し向上させるための経営（マネジメント）を行うということです。

しかし、マンション管理では劣化を防ぎ、原状に近い状態を保つという考え方が、まだ主流です。これからの時代は、守りを中心とする維持管理から、積極的な攻めのマネジメントに転換をしなければ、マンションの居住性や資産価値を高めることはおろか、守ることもできないでしょう。

たとえば、1戸あたり3千万円の価値があるマンションならば、100戸の総資産価値は30億円です。資産価値が5%変動すれば1億5千万円の価値が動くことになります。PMの視点でマンション管理を考えれば、区分所有者の共同の利益のために、総資産価値を高めることは管理組合の大きな役割ということになります。

マンションの区分所有者一人ひとりは消費者であっても、区分所有者の団体である管理組合は事業者です。日ごろの管理でも管理組合が主体となり、プロである管理会社とのパートナーシップにより管理業務を行うのが本来の姿です。建替えの場合は、これをさらに一歩進めて、管理組合・建替え組合という事業者が主体となり、デベロッパーと共同事業に取り組むことが望ましい形です。

す。自分たちの財産を生かすためにも、固定観念にとらわれず、さまざま人や組織の叡智《えいち》を集め、その将来について、幅広く柔軟に考えることが必要です。

2 いろいろな可能性があるから、早めに検討したい

マンションの改修や建替えをするのは、マンションの居住性を向上するとともに、区分所有者の大切な財産の資産価値を高めることが目的ですが、その方法は決して一つではありません。

鉄筋コンクリート（ＲＣ）造のマンションの躯体は、１００年以上の耐久性があるといわれ、欧米では築後１００年以上経過したアパートメントハウスが使われていることも珍しくありません。わが国でも数年前、築後80年の学生寮をリノベーションし、[★9]定期借地権による[★10]コーポラティブマンションとして再生・分譲した事例があります。こうした再生は、現在のところ建替えを成功させたマンションよりもさらに少ないですが、近年は[★11]ビンテージマンションに対する関心も高くなっていますから、今後増加すると思われます。

改修や建替えについてさまざまな選択肢があるということは、それだけ区分所有者の間で意見が分かれる可能性があるということにもなります。マンションの将来を考えるためには、老朽化が進んで生活に大きな支障が出る前に、自分たちのマンションに合った方策を考えていくことが大切です。

上作延第三住宅では早い段階から団地の将来について勉強会を重ね、その結果、自然な形

★9 借地契約の期間満了後、借主が土地を所有者に返還する制度。1992年施行の借地借家法で導入された。

★10 共同で土地を購入し、自分たちで設計と工事を発注してつくる集合住宅。

★11 築年数が経過したものの、デザインが優れていたり、躯体等の状態が良好な建物を全面改装し、新たな価値を創造したマンション。

で建替えをする方向で区分所有者の大多数の意見がまとまりました。しかし、それでも10年以上の歳月がかかっています。早くから将来のことを考えるということは、絶対に必要なことです。

区分所有者や居住者は、当然、自分たちのマンションをできるだけ長い間、快適で住みやすい状態にし、資産価値を少しでも高くしたいと考えます。そのために管理組合で長期修繕計画を作成し、定期的に建物診断と修繕工事を行いますが、それでも長い間には、老朽化が進んだり、時代の変化に合わないため使いにくくなることは避けられません。いつかはマンションを抜本的に改善する改修工事や、建替えをすることになります。

マンションの改修や建替えについて考えるときに大切なことは、多様な選択肢を持って将来を展望することです。もちろん、まず建替えありきではありません。いろいろな可能性を考え、自分たちのマンションに合った方策を選ぶよう

改修か、建替えか？——将来のことは早めに検討をはじめたい

（40歳で購入した場合のイメージ）

築年数	0年	10年	20年	30年	40年
世帯主年齢	40歳	50歳	60歳	70歳	80歳

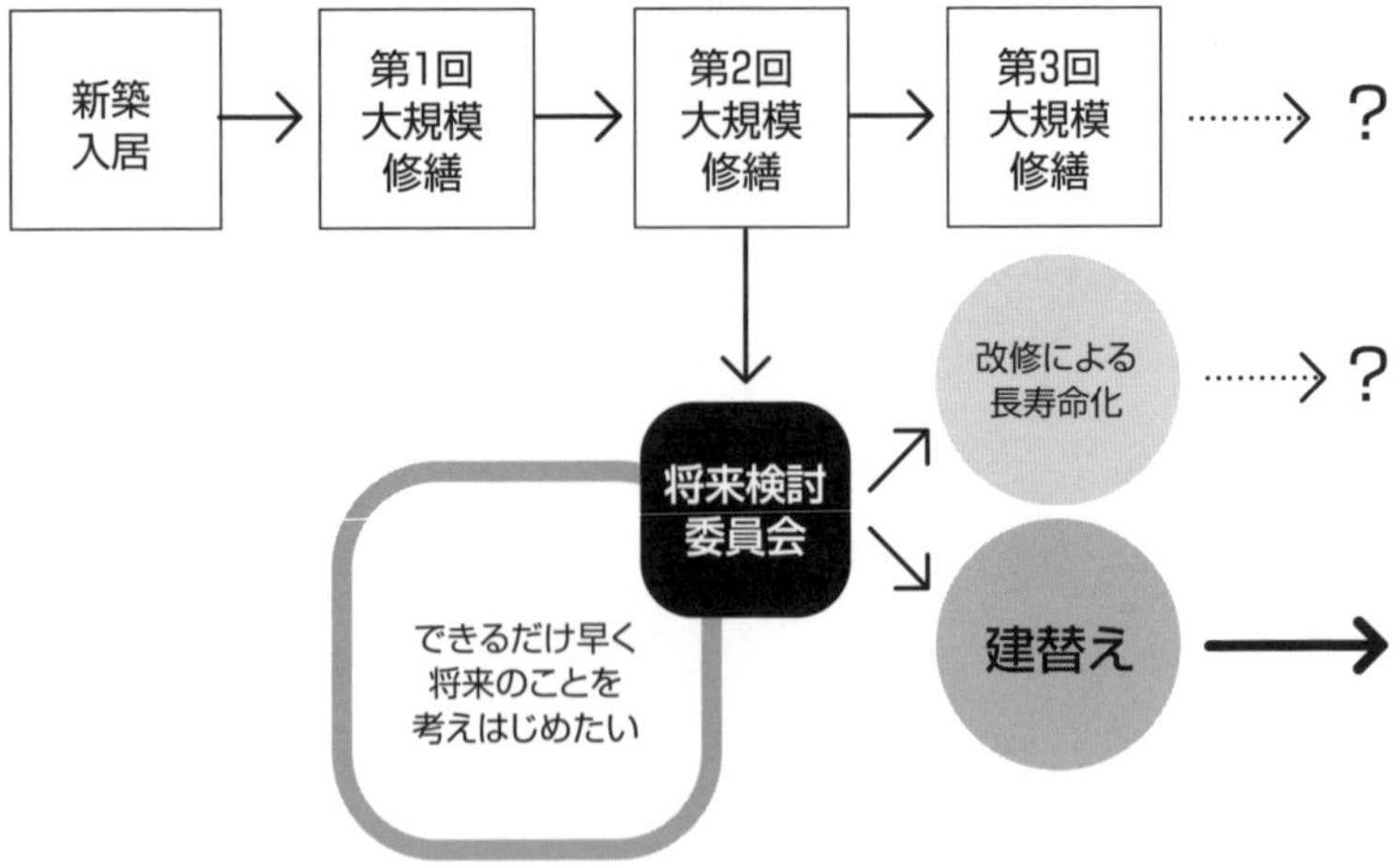

にすることです。

いずれにせよ、問題が深刻にならない段階で、少なくとも勉強をはじめ、みんなの意見が自然な形でまとまるための条件をつくるようにしたいものです。

3 考えはじめるタイミングは2回目の大規模修繕工事

では、自分たちのマンションの将来を考えるのはいつごろがいいのでしょうか。理想的にいえば、新築マンションを購入した時点で、先々のことを考えるということになりますが、これはあまり実際的ではないでしょう。

マンションの将来を考えはじめる格好のタイミングは、2回目の大規模修繕工事（築後20～25年）を計画するときです。築25年というと40歳で購入した人が65歳、いやでも老後のことを本格的に考えざるをえない時期です。

2回目の大規模修繕工事の終了時を起点として、むこう30年間の長期修繕計画を作成してみるといろいろなことが見えてきます。1回目と2回目の大規模修繕工事はおもに外壁や屋上防水など、いわばマンションの外側の補修を対象にしていました。ところが築後30年を過ぎると、これまでは修繕計画の視野に入ってこなかったエレベーターや給排水管の交換などが問題として登場してきます。修繕にかかる費用も、これまでより大幅に増えることになります。

居住者の高齢化に合わせた工事も必要になります。各世帯の住戸の内部（専有部分）は、それぞれの判断でリフォームをしますが、給排水管などの設置状態や床から天井までの高さなどによってはバリアフリー化ができないこともあります。共用部分ではエレベーターがないのは論外ですが、エレベーターがあっても出入り口が狭いため車椅子が使えない、敷地に余裕がないため道路とエントランスの間の階段にスロープをつくることができない、といったマンションは決して珍しくありません。2回目の大規模修繕工事の時点で60〜65歳の区分所有者は、30年後は90〜95歳。ものごとを前向きに考えることができるギリギリの時期が25年前後ということになります。

それだからこそ、築25年を前に行うことが多い第2回目の大規模修繕を、日ごろの管理の延長と思わず、将来を展望してもっと住みよく資産価値の高いマンションとするために、何が必要か、管理組合で考えはじめるきっかけとしたいものです。

4 「将来構想検討委員会」を設ける

築20年程度を迎えたら、マンションの建物・設備の現状や、アンケートなどで各区分所有者の将来計画も把握した上で、マンションの将来像を検討することを考えてみてください。

管理組合で将来のことを検討するためには、なんらかの仕組みを公式につくることが本来の姿です。有志が私的に集まってはじめることもありますが、ともすれば特定の人たちが勝手にやっていることだと見られがちです。ときには、建替えや改修工事でひと儲けするつもりではないかといった憶測を呼ぶことさえあります。

column

2回目の大規模修繕工事

築20年程度というと2回目の大規模修繕工事の準備にとりかかるころです。長期修繕計画表を見ると20年目から24年目に外壁補修や屋上防水が予定されているはずです。10年目〜12年目に行った1回目の大規模修繕工事のときには、経験がなかったため、管理会社や工事会社にほとんど任せたままだったけれど、今度は主体性をもって取り組みたいと考えている管理組合も多いことでしょう。

理事会の下部組織として修繕委員会を設置し、建物診断、施工個所、工事内容、建設業者等を詳細に検討することも広く行われるようになっています。修繕委員会等の専門委員会を設置することは、2004年に発表された「マンション標準管理規約」に初めて設けられたものですが、この条項を使ってペット委員会、防災委員会などをつくる管理組合も増えています。

実は、修繕委員会を設けることは、将来の改修工事や建替えを準備するための重要な第一歩としての意味を持っています。2回目の大規模修繕を迎える時期ともなれば、建物・設備の劣化がそろそろ目につくようになりますし、当初から住んでいる区分所有者のなかには高齢者の仲間入りをする人が出てきます。

建物の老朽化がそれほど進まず、まだ高齢者も少ないけれど、将来のことをしっかり考える、マンションの老後の設計にとりかかる絶好のタイミングが、2回目の大規模修繕工事というわけです。

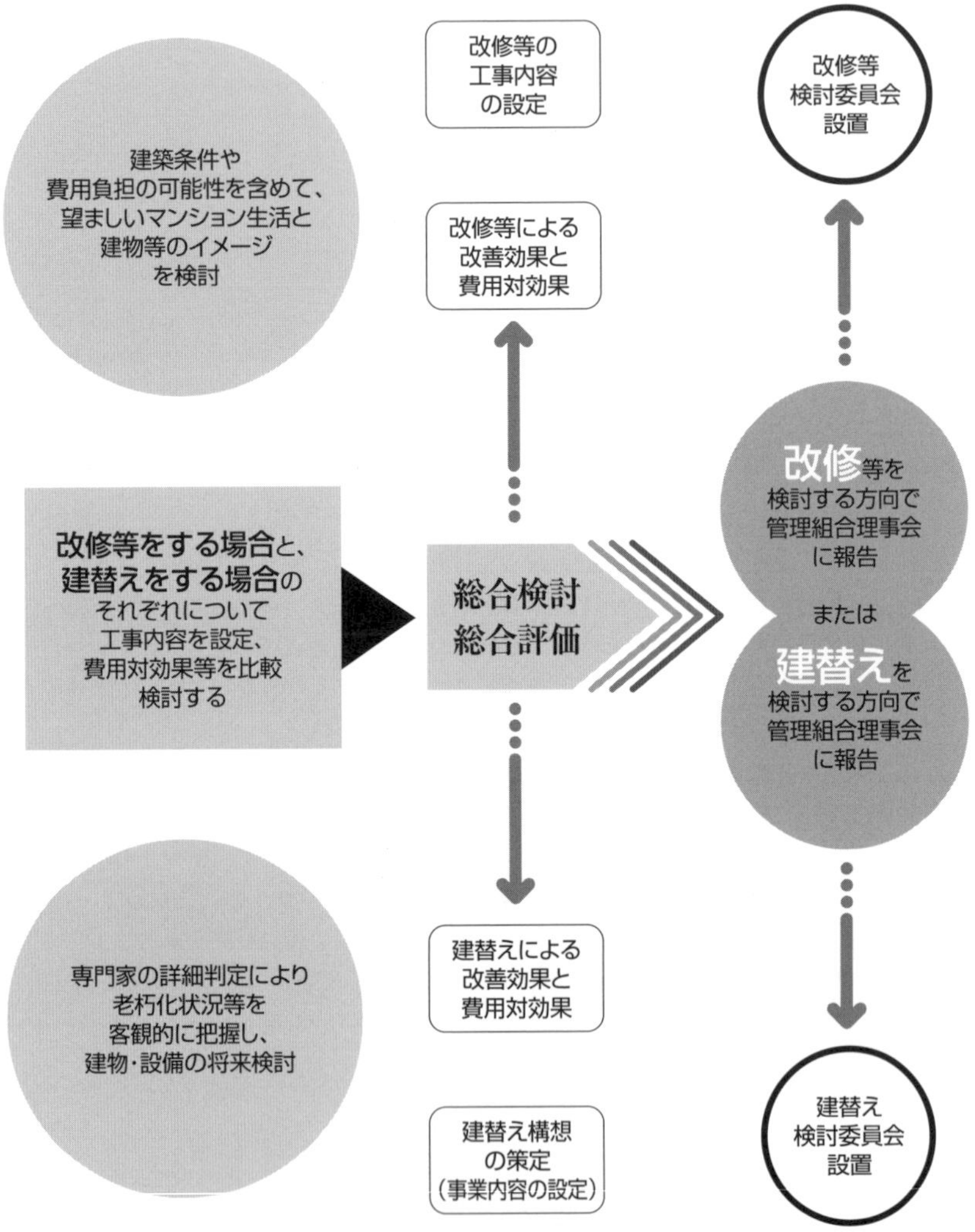

建築条件や
費用負担の可能性を含めて、
望ましいマンション生活と
建物等のイメージ
を検討
改修等の
工事内容
の設定
改修等による
改善効果と
費用対効果
改修等
検討委員会
設置
改修等をする場合と、
建替えをする場合の
それぞれについて
工事内容を設定、
費用対効果等を比較
検討する
総合検討
総合評価
改修等を
検討する方向で
管理組合理事会
に報告
または
建替えを
検討する方向で
管理組合理事会
に報告
専門家の詳細判定により
老朽化状況等を
客観的に把握し、
建物・設備の将来検討
建替えによる
改善効果と
費用対効果
建替え構想
の策定
（事業内容の設定）
建替え
検討委員会
設置

将来構想検討委員会の仕事

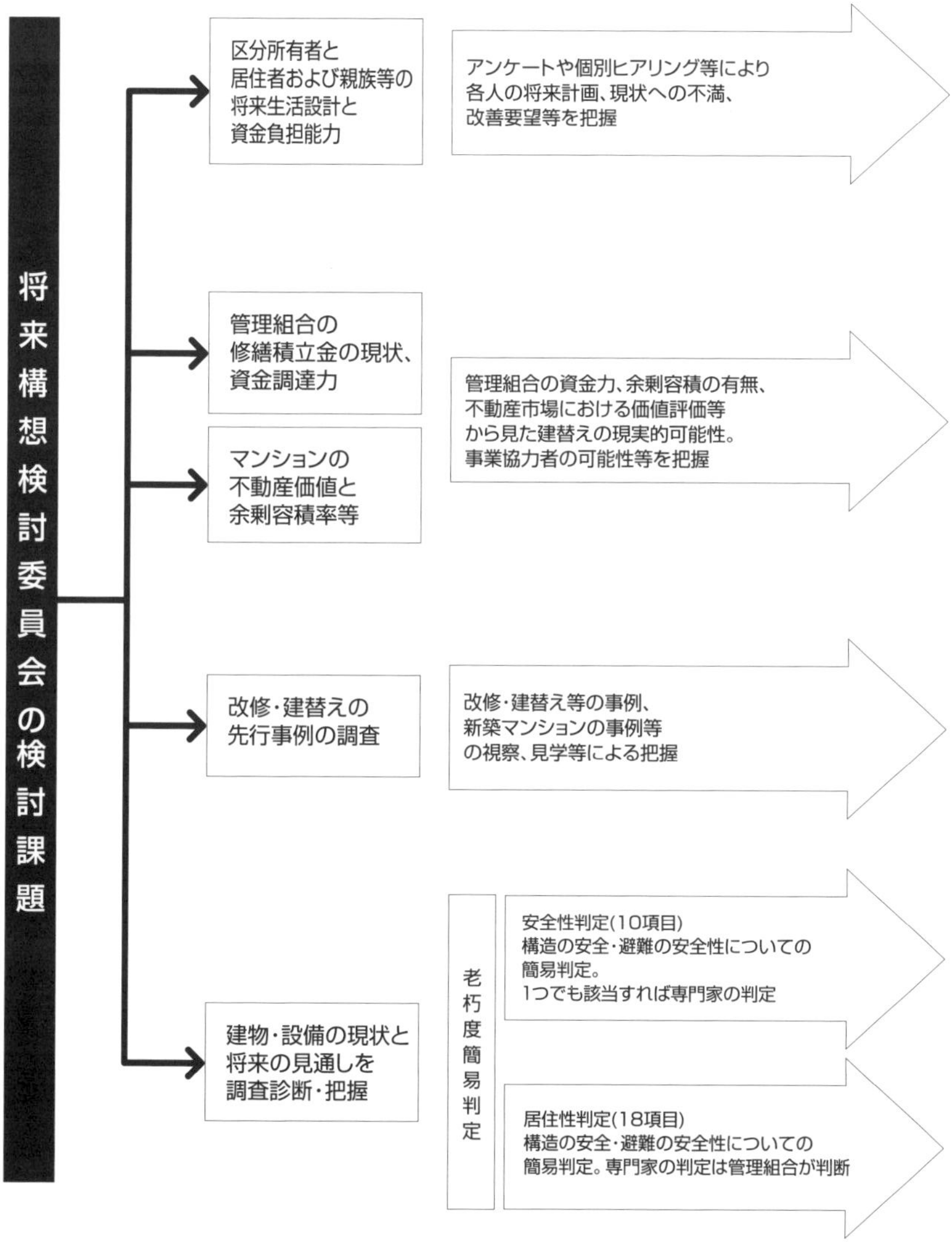

将来構想検討委員会の検討課題
区分所有者と居住者および親族等の将来生活設計と資金負担能力
アンケートや個別ヒアリング等により各人の将来計画、現状への不満、改善要望等を把握
管理組合の修繕積立金の現状、資金調達力
マンションの不動産価値と余剰容積率等
管理組合の資金力、余剰容積の有無、不動産市場における価値評価等から見た建替えの現実的可能性。事業協力者の可能性等を把握
改修・建替えの先行事例の調査
改修・建替え等の事例、新築マンションの事例等の視察、見学等による把握
建物・設備の現状と将来の見通しを調査診断・把握
老朽度簡易判定
安全性判定(10項目)
構造の安全・避難の安全性についての簡易判定。
1つでも該当すれば専門家の判定
居住性判定(18項目)
構造の安全・避難の安全性についての簡易判定。専門家の判定は管理組合が判断

上作延第三住宅で最初に「建替え委員会」ができたときは、まだ管理組合がない段階だったため、有志が発起人になって設立しましたが、これは特別な状況だったからです。管理組合が正常に機能しているマンションでは、できるだけ正規の手順を踏むことで、みんなの課題とするのが望ましい姿です。

管理規約を国土交通省の作成した「マンション標準管理規約」をもとに作成していれば、「専門委員会の設置」といった条項が設けられているので、「理事会は、その責任と権限の範囲内において、専門委員会を設置し、特定の課題を調査または検討させることができる」「専門委員会は、調査又は検討した結果を理事会に具申する」といったことが書かれているはずです。

管理規約のこうした条項にもとづき、理事会の諮問委員会や下部組織として「将来構想検討委員会」を設けるのがよいでしょう。

こうした検討委員会を設けた場合に大事なことは、検討の期限を決めて、定期的に検討状況を理事会や管理組合総会の場で報告することです。漫然と議論をしていれば、いたずらに時間が経過するだけでなんの結論も出ません。むやみに先を急ぐことはありませんが、議論を着実に積み上げて一歩一歩前進させることが必要です。

責任のある議論を進めるうえで役立つ理想的な方法の一つは、検討委員会のメンバーに手当てを支給することです。管理組合の理事等は無報酬かそれに近いことが多いですが、みんなの大切な財産の将来を左右することを検討するためには、ある程度の責任感とそれを担保する報酬も必要です。外部の専門家に協力を依頼する場合は、もちろん報酬を支払うことになりますが、マンションの将来を考える上で当然のコストと考えます。

なお、管理規約に専門委員会の設置が定められていない場合は、ほかの条項も「マンション標準管理規約」に準じていない可能性があります。管理規約は法令に違反していなければ、各マンションの自主的判断で定めることができることになっていますが、「マンション標準管理規約」と整合がとれている方が便利なことが多いものです。管理規約の内容を確かめ、必要に応じて総会で改正した方がよいでしょう。

5 自分たちのマンションを客観的に見る

専門委員会が自分たちのマンションの将来について考えるためには、まずマンションの建物・設備などの現状と居住者が日ごろ感じている不満や困っていることを把握し、どこまで改善したいのか、目標やゴールを一応決めることが必要です。そのうえで、それを修繕・改修で実現する場合と建替えで実現する場合との効果と必要な費用を比較すれば、冷静な検討や議論をすることができます。

① 建設時期と時代背景を知る

マンションは、その時々の時代背景や社会の需要に合わせて建設・販売されます。また、建物の品質性能の基本となる建築基準法や関連する法令は、これまでに何回も改正されています。とくに、マンションの安全性に影響する耐震基準は、改正されるたびに厳しくなっています。

マンション管理についての法制度も1962（昭和37）年に区分所有法が制定されてから、だんだん充実してきました。こうした制度面だけでなく、住まいについての考え方やライフスタイルも変化します。マンションが登場してから、まだ50年程度しか経っていませんが、マンションを選ぶ動機や住み方についての意識は大きく変わってきました。

建物はむしろ昔の方が、丁寧にしっかり建てられていることもありますから、建設時期が古いから建物の質が悪いとは限りませんが、時代背景による違いがあることは確かです。

とくに見逃せないのは耐震性能です。現在の耐震基準が施行されたのは1981（昭和56）年6月1日ですから、この日よりも前に建築確認が行われたマンションは、古い耐震基準で設計されていて、新しい基準をクリアしていない可能性があります。着工・竣工・入居の時期ではなく、建築確認がされた年月日を確認する必要があります。

マンションの歩み（1968年〜1988年）

	関連するおもなできごと
1968年	第2次マンションブーム
1972年	第3次マンションブーム／日本列島改造計画
1973年	第1次石油ショック
1976年	建築基準法改正（容積率規制強化）
1977年	第4次マンションブーム／アフターサービス等整備
1979年	第2次石油ショック
1981年	建築基準法施行令改正（新耐震基準施行）
1982年	中高層住宅標準管理規約
1986年	第5次マンションブーム
1988年	東京圏住宅地の地価急上昇（バブル期）・リゾートマンションブーム

また、バリアフリーやユニバーサルデザインの考え方がマンションの設計等に導入されるようになったのは、94年のハートビル法[★12]制定以降です。82年〜95年に竣工したマンションの多くは、耐震基準は満たしても段差解消などがあまり行われていません。その場合、高齢居住者が増えるとともに住みにくさが実感されるようになるでしょう。

この他にも、経済情勢の変化などがマンションの品質に影響を与えていることもあります。73（昭和48）年秋に起きた第1次オイルショックのときには、建設資材の価格高騰がマンションの品質にも影響したと指摘する人もいます。

過度に神経質になることはありませんが、マンションの将来を考えるためには、建設された当時の社会情勢、売主や施工会社のその後の経営状態なども把握しておいた方がいいでしょう。

★12 1994年6月に施行された「高齢者、身体障害者等が円滑に利用できる特定建築物の建築の促進に関する法律」のこと。2006年12月に「高齢者、障害者等の移動等の円滑化の促進に関する法律」（バリアフリー新法）の施行にともなって廃止された。

② マンションの最新事情も知る

上作延第三住宅の区分所有者たちが建替えをしたいと思った理由のなかには、大企業の社宅として使われていた隣の団地が、マンションタイプの建物に建て替えられたことがあります。同時期に建設された同じような建物が、新しく生まれ変わったことは、多くの住民にとってショックで、羨ましいことだったに違いありません。

改修や建替えをするときに限らず、マンションを維持管理するうえでも、ほかのマンションの事例を見ることは大変参考になります。状態の良いマンションならば、なぜこんなに手入れが行き届いているのかを考えるでしょう。また築年数に比べて老朽化が進んでいるマンションを見れば、こうしてはいけないと思うはずです。これと同じように、最新のマンションを見て刺激を受けることも、自分たちのマンションの将来を考えるうえで必要なことです。
マンションに限らず、生活を取り巻く技術や仕組みは日進月歩で進化しています。自分たちの住まいをもっと住みよく、価値あるマンションにしたいと思うとき、一つの目標を最新マンションに置くことで、夢をふくらませエネルギーを引き出せるならば、それに越したことはありません。とくにデベロッパーとの共同事業になる可能性がある場合には、マンションのブランド価値や市場動向が事業にも大きく影響します。また、建替えではなく全面改修を選択する場合でも、最新のマンションから学ぶことはいろいろあるはずです。

③ 管理組合・区分所有者で現状を判断する

上作延第三住宅の建替えが成功した最大の要因は、区分所有者たちが自分たちこそ事業の主人公だと終始一貫して考え、行動したことでした。そして建物や設備の状態を冷静に、客観的に把握していたことが建替えをしたいという熱意につながっていきました。これから建替えや全面改修に取り組むマンションの管理組合や区分所有者も、自分たちのマンションの状態をできるだけ正確にかつ客観的に把握することが必要です。

とはいえ、それはそれほどやさしいことではありません。長年暮らしてきた居住者は、当然、住まいについての愛着があります。とくに高齢になれば、よほど大きな問題や不自由がなければ、多少の不満はあっても現状を肯定的に捉えたくなります。また、外部の人間に診断を依頼しても、現状を否定的に評価する答えが出てくると、工事をしたいという商売上の動機や思惑があるのではないかと考える区分所有者もいます。

専門委員会としては、まず、管理組合や区分所有者が自分たちでマンションの現状を客観的に知るための努力をすることが必要です。

④ 国土交通省のマニュアルを参考にマンションの現状を判定する

区分所有者や居住者がマンションの現状を判断するためには、自分たちでも現状評価ができる目安=物差しがあると便利です。

このために役に立つのが、国土交通省が2003（平成15）年に作成した「マンションの建替えか修繕かを判断するためのマニュアル」[★13]です。これは、マンションを建て替えるのか修繕・改修するのかを客観的に検討するためのもので、老朽度判定の基準、費用と改善効果を比較するなど、客観的な判断方法を示しています。

★13 本マニュアルは「マンション再生協議会」のホームページ（http://www.manshon.jp/）から入手できる。

このマニュアルの特色は、建替えか修繕・改修かを判断するための最初のステップとして、まず区分所有者や管理組合が、自分たちのマンションの現状を、自分たちで認識するための「簡易判定」ができることです。

「簡易判定」は「安全性」と「居住性」の2つの視点からマンションをチェックします。安全性についての項目は、構造安全性と避難安全性の観点から判定します。どの項目も居住者の安全に直接関係する重要な項目だけに「問題ありの可能性がある」に該当する項目が一つでもあるときは、専門家による詳細な判定を受けることを勧めています。

一方「居住性」についての項目は、躯体の状態、断熱性、設備の水準から判断できるようにしています。「居住性」は、「安全性」のように絶対にこうあるべきだというものではなく、居住者によって不満や改善の希望が異なるからです。このためマニュアルでも、「居住性」については専門家による詳細な調査と判定を受けるかどうかは、管理組合が任意に判断する

<居住性の判定>

	確認事項	確認結果	想定される問題
3・躯体及び断熱仕様に規定される居住性	①部屋（天井）の高さに圧迫感などを感じている者が多いか	□多い □多くはない	⇒階高が十分ではない可能性がある
	②上階や隣戸のトイレの水を流す音が聞こえるか	□聞こえる □聞こえない	⇒建物の遮音性に問題のある可能性がある
	③住棟外部から１階住戸までのアプローチ部分に段差があるか	□ある □ない	⇒バリアフリー対応（高齢者対応）が十分でない可能性がある
	④住棟外部から１階のエレベーターホールまでの段差部にスロープがあるか	□ある □ない	
	⑤玄関扉やポーチ部分に大きな段差があるか	□ある □ない	
	⑥浴室やトイレ出入口部分に大きな段差があるか	□ある □ない	
	⑦共用廊下や階段、住棟へのアプローチ部分に補助手すりが設置されているか	□設置されている □設置されていない	
	⑧サッシのまわりから「すきま風」が入ってくるか	□入ってくる □入ってこない	⇒断熱性に支障のある可能性がある
	⑨住戸内に結露が目立つか	□目立つ □目立たない	
	⑩住戸が狭いと感じている者が多いか	□多い □多くはない	⇒住戸面積が現在の一般レベルからみて十分でない可能性がある
	⑪洗濯機置場がなくて不便と感じている者が多いか	□多い □多くはない	
4・設備の水準	⑫赤水が出ることがあるか	□出る □出ない	⇒給水設備が劣化している可能性がある。また、劣化した給水設備の点検や交換が容易ではない
	⑬シャワーの水圧等は充分か	□充分 □不充分	
	⑭給水管がコンクリートの中に埋設されていないか	□埋設されている □埋設されていない	
	⑮排水管が詰まることがよくあるか	□よく詰まる □詰まらない	⇒排水設備が劣化している可能性がある。また、劣化した給水設備の点検交換が容易ではない
	⑯排水管がコンクリートの中に埋設されていないか	□埋設されている □埋設されていない	
	⑰一度に色々な家電製品を使うとヒューズが飛ぶことがあるか	□ある □ない	⇒電気容量が現在の一般レベルからみて不足している可能性がある
5・エレベーターの設置状況	⑱４・５階建ての住棟にエレベーターはあるか	□ある □ない	⇒バリアフリー対応（高齢者対応）が十分でない
評価	上記項目のうち、下線部（問題ありの可能性があるもの）に該当する項目はいくつあるか？　また、該当項目に対する管理組合の不満は大きいか・改善ニーズは大きいか	項目／１８項目 ⇒上記の該当項目の結果と、その項目に対する区分所有者の不満や改善ニーズの大きさ等を踏まえて、各項目について専門家判断を受けるかどうかを管理組合で決める	

（国土交通省・マンションの建替えか修繕かを判断するためのマニュアルより）

管理組合によるマンションの老朽度の簡易判定

<安全性の判定>

	確認項目	確認結果	想定される問題
1・構造安全性	①マンションの建築確認がなされた年は1981（昭和56）年6月1日以前か	□以前である □以降である	⇒耐震性能が低く、地震時に危険のある可能性がある
	②ピロティや、壁のない独立柱はあるか	□ある　□ない	
	③外壁や柱、梁等にひびが入っているところが目立つか	□目立つ □目立たない	⇒建築材料が劣化しており、建物の構造安全性や耐久性に支障のある可能性がある
	④外壁や柱、梁等のコンクリートが欠けたり、剥がれたりしているか	□剥がれている □剥がれていない	
	⑤庇やバルコニーの付け根にひび割れがみられるか	□みられる □みられない	
	⑥外壁のタイル等が浮いたり、剥がれ落ちたりしているか	□剥がれている □剥がれていない	
	⑦雨漏りや、上階からの漏水が目立つか	□目立つ □目立たない	
	⑧本来勾配のない建物本体の床版（エントランスホールや階段室の踊り場等）にビー玉を置くと自然に転がるか	□転がる □転がらない	⇒建物が傾斜しており、構造安全性や日常生活に支障のある可能性がある
2・防火・避難安全性	⑨共用廊下や階段の幅員はどのくらいか（共用階段 900 ㎜未満、共用廊下 1200 ㎜未満の場合は問題あり。ただし、両側に住戸がある廊下は幅 1600 ㎜未満、避難用階段では幅 1200 ㎜未満では問題あり）	＿＿＿＿＿㎜ □幅員が足りている □幅員が足らない	⇒火災などが起こった時に、避難上の危険がある可能性がある
	⑩バルコニー側から隣の階段室の住戸または下階の住宅に容易に避難できるか	□避難できる □避難できない	
評価	上記項目について、下線部（問題ありの可能性があるもの）に該当するものがあるか	□ある ⇒当該項目について、専門家による判定を受ける必要がある □ない ⇒居住性判定の結果とあわせて、専門家による判定を受けるかどうかを管理組合で判断する	

ものとしています。

6 簡易判定をしてみる

「マンションの建替えか修繕かを判断するためのマニュアル」は、管理組合が簡易判定をするための判定表と判定ポイントを解説しています。以下、マニュアルをもとに、主な内容を紹介します。

〈安全性の簡易判定〉

(1)構造の安全性に問題はないか

a 耐震性……1　耐震性の目安となる「1981（昭和56）年6月1日」

マンションの安全性と将来を考えるうえで、いつごろ建設されたのかは重要な判断材料の一つです。建築基準法などによる建築物の耐震性についての考え方は、震災の教訓などをもとに何度か見直しが行われていますが、現在の耐震基準は1978（昭和53）年の宮城県沖地震[★14]などがきっかけで行われた建築基準法改正によるもので、新耐震基準が81（昭和56）年6月1日に施行されました。したがって、これ以降に建築確認を受けて建設された建物は、現在の基準に合った耐震性能を満たしていると考えられます。

確認申請をしたのが新耐震基準の施行された81年6月1日の前か後かを調べることが、自

★14　1978（昭和53）年6月発生。全半壊した家屋が約4300戸にのぼり、倒壊した鉄筋コンクリート造の建築物もあった。非構造壁の破壊によりドアや窓の開閉に支障をきたすことも判明し、耐震基準強化をうながした。

分たちのマンションの耐震性を大まかに確認する一つの目安となります。この月よりも前に建築確認を受けたマンションは、古い耐震設計基準で建設されている可能性が高いため、専門家による耐震診断を受けて安全性を確かめます。改修が必要と診断された場合には、どんな工事を、どの位の費用で行う必要があるかを確かめ、管理組合で検討することになります。

b 耐震性……2　ピロティや、壁のない独立柱はあるか

マンションの建物形状から大まかに耐震性をみる目安として、ピロティ[★15]や壁のない独立柱の有無があります。鉄筋コンクリート（RC）造の建築物は柱や梁《はり》の他に耐震壁と呼ばれる壁によって構造を支えているものが一般的ですが、ピロティのように開放された空間や、壁とつながっていない独立柱が多くて耐震壁が少ない建物は、地震に対する安全性に問題のある可能性が高いといえます。

★15 柱だけで構成され、壁がない空間のこと。マンションでは駐車場、駐輪場等として利用されることが多い。

(2) 建築材料の劣化が進んでいないか

鉄筋コンクリートは、圧縮する力に強いコンクリートと、引っ張る力に強い鉄筋を組み合わせることで、マンションの頑強な躯体をつくっています。鉄筋は空気や水に触れると錆《さ》びてもろくなりますが、強いアルカリ性のコンクリートが保護することで、鉄筋コンクリートの耐久性を保っているのです。マンションの外壁タイルなどの仕上げは、美観だけでなくコンクリートのアルカリ性を保つための役割も果たしています。

しかし、年月が経過するとコンクリートの中性化[★16]が進んだり、鉄筋が錆びるといった建築材料の劣化が進み、マンションの構造上の安全性や耐久性に問題が生じていることがありま

★16 大気中の二酸化炭素が侵入すること。本来はアルカリ性のセメントが中性化し、鉄筋の腐食やコンクリートの劣化の原因となる。

す。マニュアルは、こうした問題の有無を外観から判断するために5つの項目を挙げています。

・外壁や柱、梁等にひびが入っているところが目立つか
・外壁や柱、梁等のコンクリートが欠けたり、剥《は》がれたりしているか
・庇《ひさし》やバルコニーの付け根にひび割れが見られるか
・外壁のタイル等が浮いたり、剥がれ落ちたりしているか
・雨漏りや、上階からの漏水が目立つか

古いマンションならば、ある程度傷んでいるのは当たり前という考え方もできますが、単なる外観上の汚れと異なり、コンクリートが劣化したり、鉄筋の腐食等による外壁や柱、庇やバルコニーなどのコンクリートの剥離《はくり》やひび割れ、外壁タイル等の仕上げ材料の浮きや剥《はく》落《らく》が生じていると、安全性に大きな影響があります。

とくに、コンクリートが部分的に欠けて中の鉄筋が見えるような場合や、コンクリートのひび割れ部分から赤茶色の錆汁がにじみ出て、外壁の汚れが目につくような場合は、内部まで劣化が進んでいる可能性があります。また、屋上やバルコニーの防水層や躯体の劣化等によって雨水のしみ出しや水漏れが起きることもあります。右のチェック項目に該当することがあれば、専門家の診断を受ける必要があります。

(3)建物の傾斜等の構造不具合がないか

建築後、長期間が経つと、コンクリートなどの建築材料が劣化するだけでなく、地盤沈下

の影響などによって、マンションの構造躯体に不具合が生じてくることがあります。

一般の区分所有者や管理組合でもわかるのが建物（基礎、柱、壁等）の傾斜です。チェック項目1構造安全性⑧の「本来勾配のない建物本体の床板にビー玉を置くと自然に転がるか」どうかの確認は、エントランスホールや階段室の踊り場等で簡単にできますから、ぜひとも行いたいことです。

(4) 火災などが起きたとき、安全に避難できるか

火災が発生したとき、安全に避難できるかどうかも重要なチェックポイントです。マニュアルは次の2つの項目を確認することにしています。

・共用廊下や階段の幅員はどのくらいか
・バルコニー側から隣または下階の住宅に容易に避難できるか

共用廊下や階段の幅員は火災時の避難に影響します。階段や廊下の幅員について、現行の建築基準法令では、片廊下タイプ★17の住棟の場合は共用階段で90cm、共用廊下で120cm以上は必要としています。また、廊下の両側に住戸があるタイプでは廊下が160cm以上、避難用階段では120cm以上と定めています。共用廊下や階段の幅員がこれよりも狭いマンションは、現在の安全基準を満たしていないことになります。

住戸の出入り口付近の階段や共用廊下側で火災が発生した場合に備えて、反対側のバルコニーから、下階や隣戸を通って避難できるかどうかも確かめる必要があります。バルコニー側にある隣の住戸との隔板★18を割って簡単に避難できる仕組みになっているか、下階に降りる

★17 マンションの共用廊下の片側だけに面して住戸を設ける形式。反対側の壁面が開放されていることが多く、採光・通風が確保しやすい。

★18 マンションの隣接する住戸のバルコニーの境にある板。火災などの際に避難するために簡単に壊すことができる。

ための避難ハッチ等が設けられているかといった、避難しやすいようになっているかどうかも重要なチェックポイントです。

〈居住性の簡易判定〉

(1)住戸の階高

最近話題のSI[★19]（スケルトン・インフィル）タイプのマンションでは、床面からすぐ上の階の床面までの高さが3m以上あります。SIタイプでなくても新しいマンションでは、階高が2・8m程度あることが多くなっています。

しかし、築年数が経過したマンションでは、階高が低いため、住みにくいと感じることが少なくありません。階高にゆとりのないマンションは、生活するうえでの圧迫感があるだけでなく、住戸内をリフォームする場合にも、段差解消などのバリアフリーのための工事や、床下の排水管の勾配を変えて水廻りの位置を動かす工事ができないなど、大きな制約を受けることになります。

居住者がこうした不満をどの程度感じているか、「部屋（天井）の高さに圧迫感などを感じている者が多いか」の項目で確認します。

(2)遮音性

マンションに居住する際の大きなトラブルの原因として、上下階や隣戸との騒音があります。プライバシーを守るためにも、遮音性の向上を望む人が多いと考えられます。不満の程

★19 100年以上の耐久性を持つ建物の骨格（S：スケルトン）部分と、数十年単位で変更する内装（I：インフィル）部分とに分離した住宅。S、Iを分離することにより、修繕が容易になり、住宅の長寿命化に寄与する。

度を判断する目安として、「上階や隣戸のトイレの水を流す音が聞こえるか」を確認します。

(3)バリアフリー

出入り口の段差解消や廊下・階段への手すりの設置といったバリアフリー化は、これからのマンションに欠かせない条件です。上作延第三住宅ではエレベーターがないことが建替えを決意した大きな動機になりましたが、築年数が経過したマンションでは、居住者の高齢化も進んでいることが多いため、バリアフリー化されているかどうかは、マンションの将来を考えるうえで大きなテーマになります。

マニュアルは、こうした点について、次の5つの項目をチェックポイントとしています。

・住棟外部から1階住戸までのアプローチ部分に段差があるか
・住棟外部から1階のエレベーターホールまでの段差部にスロープがあるか
・玄関扉やポーチ部分に大きな段差があるか
・浴室やトイレの出入り口部分に大きな段差があるか
・共用廊下や階段、住棟へのアプローチ部分に補助手すりが設置されているか

(4)断熱性

古いマンションと新築マンションの性能の大きな違いとして、気密・断熱性能などの省エネルギー性能があります。初期に建設されたマンションでは、外壁や屋根などの断熱材や窓サッシの性能が現在に比べて不十分なものが多く、住戸内にすきま風が入ったり、結露などが発生することもあります。

マニュアルは次の2項目によって確認することにしています。
・サッシのまわりから「すきま風」が入ってくるか
・住戸内に結露が目立つか

(5)住戸面積

古いマンションは、近年に建設されたマンションに比べて住戸面積が狭いため、洗濯機置き場がないこともあります。狭さは、居住者の共通の不満になることが多いため、建替えを検討しはじめる大きなきっかけになる場合もあります。

マニュアルは、次の2項目によって確認することにしています。
・住戸が狭いと感じている者が多いか
・洗濯機置き場がなくて不便と感じている者が多いか

(6)給排水管の劣化と交換容易性

築後30年程度経過したマンションでは、給水管や排水管の劣化が進み、赤水が出るようになったり、排水がスムーズに行われないようになり、取替え時期を迎えることになります。また、給排水管をコンクリート躯体の中に埋め込んでいることも少なくありません。こうした場合は、簡単に配管を取り替えることができないため、古い配管を残したまま、外壁の外側に新しい配管を設置することがあり、マンションの美観を損なうことにもなります。

マニュアルは、配管の老朽化について次の3項目を挙げています。
・赤水が出ることがあるか

・シャワーの水圧等は十分か
・排水管が詰まることがよくあるか
配管の交換が容易であるかどうかについては、次の2項目を挙げています。
・給水管がコンクリートの中に埋設されていないか
・排水管がコンクリートの中に埋設されていないか

(7)電気容量

築後30年以上経過したマンションが建設された当時と比べると、現在は、家電製品の普及などによって、家庭の電気消費量は格段に増加しています。建設当時のままの電力容量では、複数の家電製品を同時に使った場合にブレーカーが落ちるなど、生活上の支障を来すことが多くみられます。

マンションの各住戸で、こうした消費電力量の増加に対応するためには、マンション全体で受け入れ可能な電力の総量である定格電力の変更が必要になります。築30年程度経過したマンションでは、マンションの共用施設である受電設備の容量が少ないため、全住戸の定格電力を増やすことが難しいことがあります。

マニュアルは、電気容量について、
・一度に色々な家電製品を使うとヒューズが飛ぶことがあるか
の項目で確認することにしています。

c o l u m n

マンション探検隊

マンションの将来を考えるうえで、建物や設備の状態を客観的に見ることはどうしても必要です。

ところが、多くの区分所有者や居住者は、自分たちの住んでいるマンションのことを意外に知らないもの。共用玄関から自宅の住戸の間を往復するだけがほとんどというのが普通です。日常的に利用するのはゴミ置場、駐輪場、駐車場などで、エレベーターがあるマンションでは、階段もめったに使いません。屋上を立入禁止にしていれば、20年暮らしていても一度も上ったことがない、という人がほとんどでしょう。

マンション生活の中枢ともいえるエレベーター、水道、電気などの設備の機械室などがどこにあるのかを知っている人も少ないはずです。

また、ひとり暮らしのお年寄りなど、地震が起きたときなどに手助けが必要な方がいるお宅を知っておくことも、マンションのコミュニティにとって大切なことです。

そうはいっても、特別な用事もないのに自宅のあるフロア以外のところにいると、不審者と間違われることもあります。

お勧めしたいのが、日頃から毎年1回程度はマンションの全体をみんなで見て回る「マンション探検」をすること。傷んでいるところ、使いにくいところ、お年寄りなどのバリアになるところなどが見つかるはずです。

修繕・改修や建替えを考えるかどうかにかかわらず、管理組合の年中行事にしてはどうでしょう。

(8)エレベーターの設置状況

マンションを含むこれまでの中層建築物のなかには、5階建て以下の場合、エレベーターが設置されていないものが多数あります。しかし現在では、高齢化社会が進んだことや、生活に必要なことから、4・5階建ての公営住宅などでもエレベーターが設置されるようになっています。

このためマニュアルでも、

・4・5階建ての住棟にエレベーターはあるか

の項目を設けています。

7 修繕・改修か建替えかを判断する

簡易判定の結果をもとに、理事会や総会が専門家による詳細な診断を受けることにした場合は、その診断結果を受けて、管理組合でマンションを修繕・改修するのか、建替えをするのかなど、今後の取組みの方向を検討することになります。

マンションの現状を把握した後の、修繕・改修か建替えかを検討するための、大まかな流れは、次のようなものです。

①修繕・改修と建替え、それぞれの場合について、マンションの老朽度の程度や、各区分所有者の要望をもとに工事内容を設定し、工事費を概算します。

⑴修繕・改修をする場合の工事内容を設定し、工事費を概算します。工事内容には、たとえば、耐震性能を高めること、エレベーターを設置すること、住宅設備を最新のものに置き換えることなどが考えられます。また、修繕・改修をした後で、必要になる修繕工事の頻度と費用についても、長期修繕計画を作成してシミュレーションをしてみます。

⑵建替えをするマンションの規模や仕様を想定して、工事費を概算します。敷地の条件や容積率により、敷地を一部売却したり住戸の分譲が可能な場合は、その収益も反映させます。また、建替え後に必要となる修繕工事の頻度と費用についても長期修繕計画を作成してシミュレーションしてみます。

②修繕・改修の場合と建替えの場合について、それぞれ掛かる費用と効果を比較します。費用対効果の高い方を選ぶのが理想的ですが、調達可能な資金量によって制約を受ける場合もあります。また、将来、発生する修繕費用の負担額の違いや、建替えの場合の引っ越し費用・仮住居費についても、考慮する必要があります。

③修繕積立金の残高、管理組合による修繕資金借入れの可能性、各区分所有の住宅ローン残高、建替え資金の負担可能性などを把握します。

以上のような手順を踏んで、できるだけ詳しく各区分所有者の判断に役立つデータを作成し提供することで、修繕・改修をするか建替えをするかについて冷静に議論し判断できるようにする必要があります。

8 建替えが困難な場合はどうするか

①少なくとも耐震改修は行いたい

改修か建替えかを検討した結果、区分所有者の多くが建替えをしたいと思っても、容積率の余裕がないため新たに分譲する住戸を生み出すことができず、デベロッパーなどに参加組合員や等価交換のパートナーとしての協力を求めることが難しいマンションもあります。

こうした場合には、通常、建替えにかかる費用の全額を区分所有者が自己資金や借入金で賄わなければなりません。実際にこうしたマンションがたくさんあり、高齢の区分所有者が多いような場合には、建替えどころか改修を検討することさえあきらめていることも多いでしょう。

しかし、08（平成20）年の時点で築27年以上経過しているマンションは、81（昭和56）年6月の新耐震基準施行より前に建築確認が行われているため、耐震強度が足りないのが普通です。耐震診断をして必要な改修工事を行わなければ安心して生活をすることができません。住みなれたマンションに愛着を残しながら、やむをえず決して有利とはいえない条件で売却・転出する人も少なくないはずです。

こうした建替えが困難なマンションでも、住み続けるつもりならば、少なくとも改修について考えてみるべきでしょう。建替えによらず修繕や改修工事をする場合には、大きく分けて①修繕工事の積み重ねによる長寿命化、②全面リニューアルをする、の2つの方法があります。

税法上は鉄筋コンクリート造の建物の耐用年数は47年と定められていますが、これよりもはるかに長持ちしている鉄筋コンクリート造の集合住宅も珍しくありません。専門家の診断とアドバイスをもとに修繕工事を積み重ねることで、躯体や設備が老朽化するのを抑えることもできます。

全面リニューアルをする場合は、現在の建物を躯体だけの状態にして工事をすることになりますから、仮住居も必要になり、工事費も新築をするのとあまり変わらないのが普通です。管理組合の手続きとしては、総会で区分所有者数と議決権数の各4分の3以上の賛成が必要です。なお、建替えのときに高齢者に適用される返済特例制度が、新しく改修工事にも適用されるようになりました。

②建替えは潜在的な価値を顕在化する

容積率不足などの問題を抱えて、当面、建替えを断念せざるを得ないマンションの場合でも、将来のことを検討し、建替えのことを考えることは決して無意味ではありません。どんな建物でも、いつの日か必ず建替えをするときが訪れます。容積率などの関係で建替えが難しそうなマンションほど、問題を正しく理解をするための勉強や検討は、早くからはじめるに越したことはありません。

この場合、まず知っておきたいことは、建替えとは老朽化して安全性や居住性に問題があるマンションを、最新のマンションに生まれ変わらせるだけでなく、現在のマンションが持っている本来の資産価値を顕在化させるということです。

すでに述べたように、築年数が経過したマンションの時価（評価額）は、単純に売買するときと、建替え事業をするときでは変わります。建替えを前提にした際には、新しく建設するマンションの評価額をもとに、従来のマンションを評価しますから、単純に売却するときに比べて評価額が高くなるのが普通なのです。つまり、建替えを考えない、あるいは5分の1を超える区分所有者が建替えに反対をしていて建替えが実現しない状態では、単なる中古マンションとしての価値しかありませんが、総会で建替えを決議し、管理組合が事業に踏み出せば評価額は変わるということです。

建替え後のマンションを取得するつもりがない区分所有者でも、建替え決議に賛成をしたうえで区分所有権を事業協力者等に売り渡す、あるいは建替組合に参加して権利変換を受けずに補償金を受け取って転出する、といった方法をとれば、中古マンションとして売却する価格を上回るお金を手にすることもできます。

これを整理すると次の3点に要約することができます。

- 建替え前の老朽化したマンションの価値は、更地価格に比べてかなり低く評価される
- 建替え決議が行われ、建替えの実施が明確になれば評価額は上昇する
- この場合、建替えによる価値上昇の成果を、転出者にも「配当」できる

建替えに懐疑的な区分所有者には、建替え決議に賛成して、自分の区分所有権の資産価値を高くしたうえで、売却する選択肢もあるわけです。

管理組合や区分所有者として最も避けたいことは、あれもダメ、これもダメと思い込んで前進しないことです。建物・設備の劣化がどんどん進み、資産価値も低下の一途をたどることになります。また、所有者責任を問われるような危険も増えます。

上作延第三住宅の場合は、まだ住宅供給公社に所有権が留保され、管理組合もない時代か

ら建替えを検討してきたことが、マンション建替え円滑化法制定と同時に事業に着手できる下地になりました。現在は建替えや改修を支援する制度は、まだ充実しているとはいえませんが、今後、建替えが必要なマンションが急増することは確実ですから、支援制度も強化されることは間違いありません。こうしたことも視野に入れて、マンションの将来を考えるようにしたいものです。

第3章 マンション建替えの仕組みを知る

区分所有者全員の財産であり、多くの人が生活するマンションを建て替えるためには、関係する法律や制度についての正しい理解が必要です。

上作延第三住宅の場合は、居住者のなかにマンション建替え円滑化法の策定に関わった人がいたため、法律の施行前から新しい制度の内容を勉強することができました。

これは一般のマンションにそのままあてはまることではありませんが、上作延第三住宅の区分所有者たちがこの恵まれた条件を活かして、建替事業を成功させた背景には、自分たちが努力して建替えの法律や制度をしっかり勉強したことがあります。詳しいことは専門家のアドバイスや判断を受けることになるとしても、管理組合や区分所有者は事業の主役として、法制度などの基本的な内容を押さえておきたいものです。

1 建替えについての法律

マンションの建替えに直接関係する法律は、区分所有法（建物の区分所有等に関する法律）とマンション建替え円滑化法（マンション建替えの円滑化等に関する法律）の2つです。

①区分所有法

区分所有法は、建物を区分してその各部分を所有権の目的とする区分所有建物の所有関係と、敷地と建物の管理について定めた法律です。建物の建替えについては、決議の方法と、不賛成者への催告、売渡し請求といった手続きを定めています。しかし、区分所有法は建物の建替え決議の方法を定めているだけで、建替え決議によって、だれが、どのように建替事業を進めるのか、これまでの敷地とマンションにある権利を、建替え後の敷地とマンションにどのように移転させるのか、関係者の権利を建替事業を進めている間、どのようにして守るのかといった、事業の具体的な進め方までは定めていません。

このため建替事業を進めることを躊躇《ちゅうちょ》する管理組合や管理会社もありました。

建替事業の種類（太線は本書で扱う流れ）

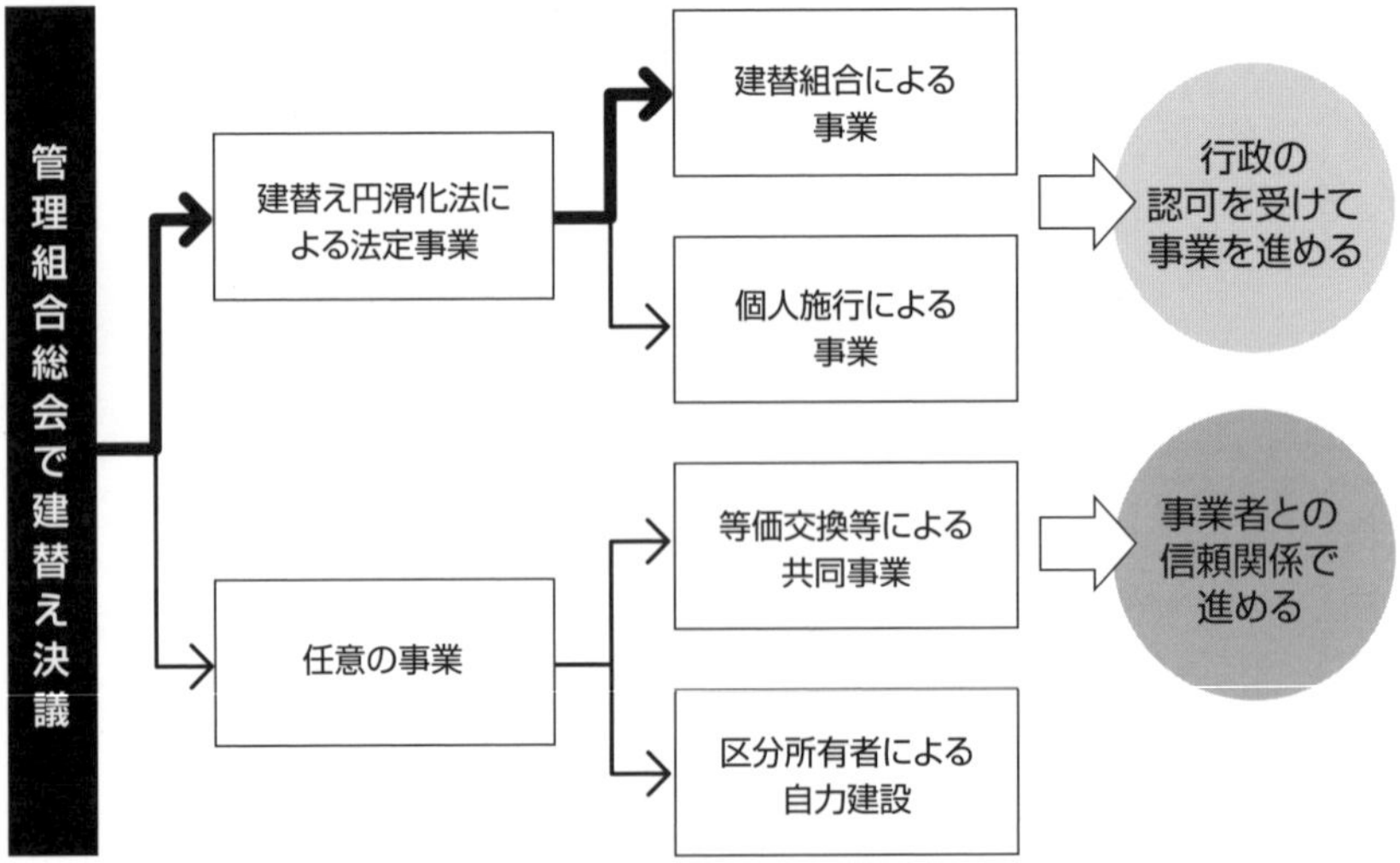

②マンション建替え円滑化法

区分所有法による建替え決議が行われた後の建替事業をスムーズに行うために、マンション建替え円滑化法が２００２（平成14）年に制定されました。

円滑化法は、区分所有者の権利の保全を図りながら安心して建替事業が行える仕組みとして、建替組合と個人施行者という2つの仕組みをつくりました。また、権利変換という法的な手続きによって、古いマンションにある権利を新しいマンションの敷地と建物に一斉に移転することも定めました。

また、建替えに参加する区分所有者が法人格を持った建替組合を設立することや、デベロッパーなどが建替組合の参加組合員として事業に協力するための仕組みも明確になりました。同時に、行政が建替えを支援することや、弱い立場になりがちな賃借人や、建替えによって転出を余儀なくされる人の立場を守る制度も設けられました。

マンション建替え円滑化法が制定され、区分所有法にもとづく建替え決議をした後の、事業の進め方が具体的に定められたことにより、関係者が安心して事業に取り組むことができるようになったわけです。

上作延第三住宅の建替えができたのも、この法律によって区分所有者を主体とする建替組合を設立して事業を行うことができるようになったからです。

2　区分所有法にもとづく建替え決議

①建替え決議の概要

共有物を処分するときは、共有者全員の同意が必要だというのが民法[★20]の原則です。この原則では、区分所有者のなかの一人でも反対をした場合には、マンションなどの区分所有建物の建替えはできないことになります。

このため民法の例外規定として、区分所有法の建替え決議の制度が設けられています。これは、区分所有者数および議決権数のそれぞれ5分の4以上の賛成で建替え決議が成立し、賛成しなかった区分所有者には売渡し請求をすることにより、区分所有者全員が賛成した状態をつくりだす仕組みです。もちろん少数者である反対者の利益が不当に侵されることがないように、決議や売渡し請求のための手続きは厳格に定められています。

あらかじめ区分所有者全員が建替えに賛成している場合には、民法の原則にもとづいて、区分所有法の手続きを経ずに自由に建替えをすることができますが、多くの区分所有者がいるマンションでは、実際にはこうしたケースは少ないため、一般的には区分所有法による建替え決議が必須事項ということになります。

★20
民法第251条では「各共有者は、他の共有者の同意を得なければ、共有物に変更を加えることができない。」とされている。

②建替え決議をする総会は、実は事業の折返し点

マンションの建替え事業に取り組むとき、あらかじめ知っておきたいことは、管理組合総会での「建替え決議」は決してスタート台ではなく、登山にたとえれば5合目、マラソンな

らば折返し点にあたるということです。

なぜならば、総会に提案する「建替え決議案」には、建替え後のマンションの概要や必要な資金計画など、いわば建替事業の全体像を示して、その賛否を議論しなければならないからです。つまり、管理組合総会で「建替え決議」をしてから、具体的な建替方法等を考えるのではなく、理事会などが建替事業の全体像を示す事実上の事業計画案をつくり、これを実施するかどうかについての賛否を採決するわけです。

このように、建替え決議案をつくるためには、都市計画、建築、金融、税金、不動産市場などについての広範な分野にわたる知識と、それにもとづいて設計や資金計画などを具体的に検討する実務的な技術と経験が不可欠です。また、現在のマンションの建物・設備の状態を客観的・技術的に把握し、改修によって対処する場合と、建替えをする場合の費用や効果を比較した結果も総会に提出しなければなりません。

建替えを行うことは、実際の区分所有者の負担額とは別にして、少なくとも1戸あたり1500万～2000万円程度に相当する規模の事業です。50戸のマンションを建て替えることとは10億円程度の事業を行うことになります。こうした事業を本当に行うことができるのかどうか、本当に事業をすることが正しいのかを区分所有者みんなが冷静に判断するためには、ムードに流されたり不確実な情報をもとに議論をすることはできません。専門家の協力を得て作成した詳細な計画を議案とすることで、本格的な審議ができることになります。

別の角度からみれば、建替え決議案を作成する段階までに、多くの区分所有者が建替えをすることに賛成し、建替え後のマンションについての希望を示さなければ、実際には、決議案を作成することはできないということです。それは新しいマンションで欲しい住戸（専有部分）の広さなどの希望を各区分所有者が示さなければ、設計等の作業を進めることが難しいからです。

こうしたことも含め、「建替え決議」について形式的な流れだけでなく、実務的な進め方を理解しておくことはとくに重要です。

③ 団地の建替え

団地を建て替える場合には、1棟ごとに建替えを決定するのが基本です。この場合、まず建替えを行う棟で区分所有者数および議決権数の各5分の4以上の多数による決議をしたうえで、団地全体の議決権数の4分の3以上の賛成による承認を得る必要があります。

しかし、団地内の建物がすべてマンションで、その敷地を区分所有者全員が共有し、団地内の建物を一括管理している場合には、団地全体で一括建替えを行うことができます（区分所有法第69条、第70条による）。

上作延第三住宅はこの条件を満たしていましたから、2棟を一括して取り壊し、新しいマンションに建て替えることができました。

この場合は、管理組合総会ですべての区分所有者数および議決権数の各5分の4以上の多数に加えて、各棟でそれぞれの区分所有者数および議決権数の各3分の2以上が賛成することで、一括建替え決議をすることができます。

もし、1棟でも3分の2以上の賛成が得られないときには、団地全体で5分の4以上の賛成があっても、一括建替え決議は成立しません。

団地の場合の建替え決議

団地の一部の棟を建て替える場合

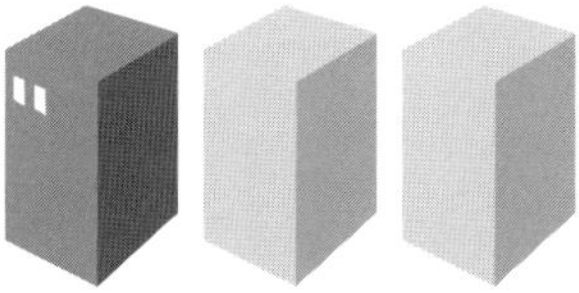

建て替える棟の
建替え決議
建て替える棟の
区分所有者および
議決権数の各5分の4
以上の賛成

＋
および

団地全体の
承認決議
団地全体の
議決権の4分の3
以上の賛成による
承認

団地の全棟を一括して建て替える場合

団地全体の
建替え決議
団地全体の
議決権の
5分の4以上
の賛成

＋
および

各棟ごとの
建替え決議
各棟の区分所有者
および議決権数の
各3分の2以上
の賛成

3 マンション建替え円滑化法と建替組合

①法人格を有する建替組合を設立する

建替えに合意した区分所有者等（以下、建替え合意者）は、5人以上が設立発起人となってマンション建替組合を設立することができます。管理組合は公的認可なしで成立しますが、建替組合は公的な性格を持つ組合ですから、定款と事業計画を定めて都道府県知事等に設立の認可を申請しなければなりません。[★21]

この申請を行うためには、建替え合意者数と、建替え合意者の所有する専有部分等の床面積割合に応じた議決権のそれぞれについて、4分の3以上の同意が必要です。建替組合は、建替え合意者全員で構成しますが、元からの区分所有者の他に、新たに建替事業に参加することを希望する、デベロッパーなどが参加組合員になることができます。なお、建替えに合意しているが、建替組合設立には同意しなかった区分所有者も建替組合員に含まれます。

建替組合には法人格が与えられますから、建替事業の施行者となり、建替組合として工事発注契約や権利変換の実施等を行うことができます。組合施行は建替え合意者が自分たちで組合をつくり、事業主体となって建替事業を進めるための仕組みで、権利者の意思決定にもとづいて主体的に事業を進めるという、円滑化法の精神を具現化した方式といえます。

★21 政令市、中核市、特例市のマンションでは、建替組合の認可等における知事の権限が市長に移譲されている。

②権利変換ができる

円滑化法が制定されるまでは、建替え前の旧[★22]マンションの区分所有権、敷地利用権、抵当権その他の権利を、建替え後の新マンションに確実に移行する仕組みがありませんでした。このため旧マンションの解体にともなって、住宅ローンなどの抵当権が抹消されることに不安を感じ、建替えに協力しない金融機関もあったといいます。また、住戸を賃貸している場合には、賃借人と区分所有者の間で、賃貸借契約の解除についてトラブルが生じたケースもありました。

これに対して、円滑化法が適用される場合は、旧マンションの関係権利（区分所有権、敷地利用権、抵当権、借家権等）が新マンションにどのように移行するのかを示す権利変換計画を建替組合が定め、都道府県知事の認可を受けることになりますから、区分所有権以外の抵当権等の権利を持つ者が、安心して事業に協力できることになりました。

なお、権利変換計画を定めるためには、組合員数と、組合員の所有する専有部分等の床面積割合に応じた議決権のそれぞれについて、5分の4以上の賛成による議決をしたうえで、都道府県知事等の認可を申請します。

★22 建替え円滑化法は、建替え前の古いマンションを「施行マンション」、マンション建替事業によって建設された新しいマンションを「施行再建マンション」としている。

③特別決議で事業を進めることができる

建替え決議をする際には、新しいマンションの概要等を議案に示しますが、決議が成立した後、新しいマンションの住戸の位置を決めるなど、建替え参加者のそれぞれの意向や希望を調整しながら、最終的な実施計画を決める必要があります。この場合、細部にわたる問題で建替組合員の間に意見の違いが生まれることもあります。

建替え円滑化法にもとづく建替組合による事業でなければ、常に原則として全員一致で事業を進めなければなりませんが、組合を設立すれば権利変換計画のように5分の4といった

管理組合総会での建替え決議から、建替組合による権利変換まで

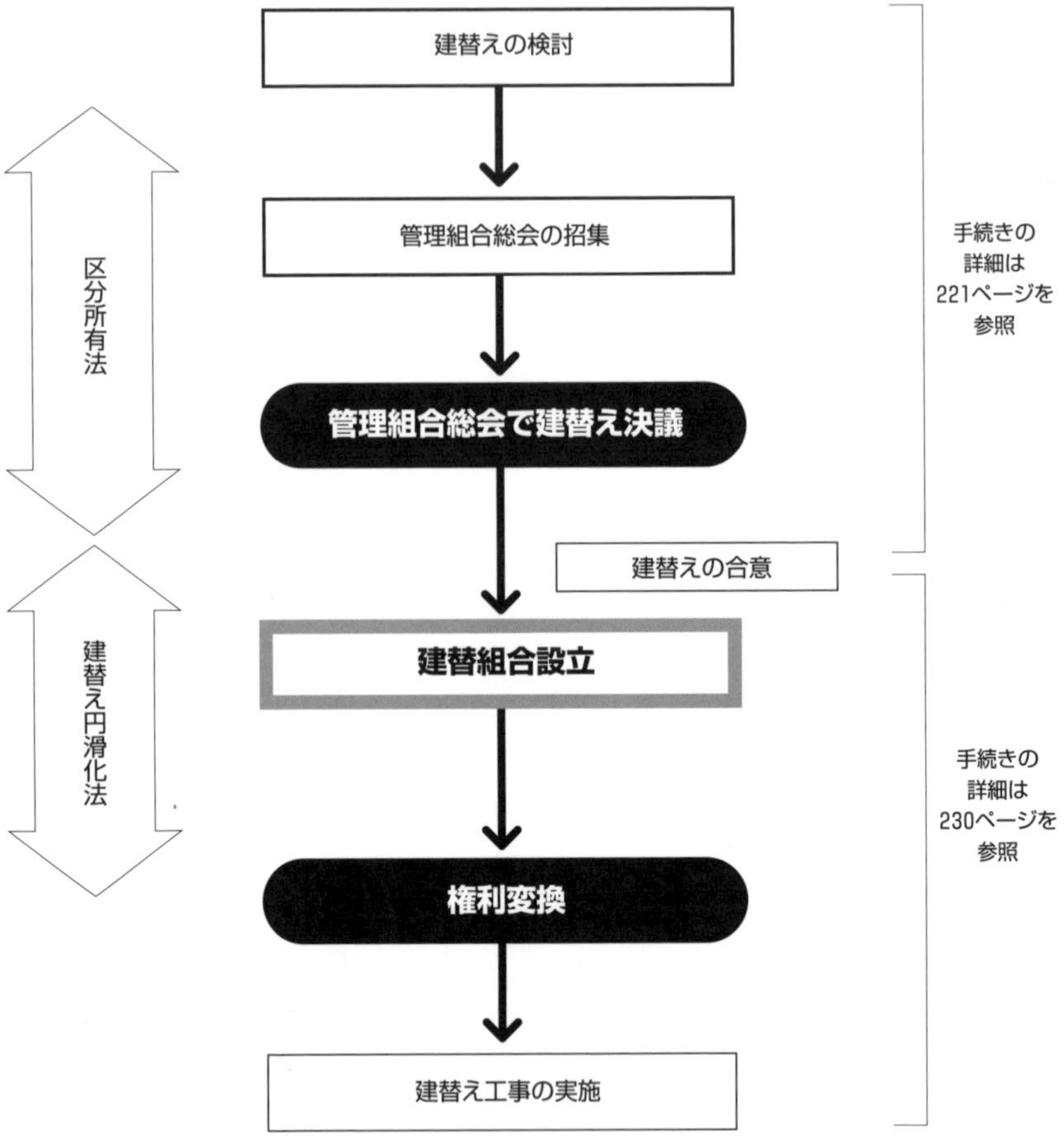

特別決議で意思決定をし、実行することができます。

また、建替組合は建替え不参加者や権利変換計画に同意しない組合員がいる場合には、区分所有権および敷地利用権を時価で売り渡すことを請求できます。前にも紹介したように、この売渡し請求権を行使すると、相手の意思に関係なく所有権が移転します。

なお、権利変換計画に同意しない組合員の側からも、建替組合に対して区分所有権および敷地利用権を時価で買い取るように請求することができます。この買取り請求権も行使をすると、相手の意思に関係なく所有権が移転します。

④さまざまな公的支援措置が受けやすくなる

マンション建替え円滑化法にもとづくマンション建替事業を行う場合には、国および地方公共団体によるさまざまな支援を受けやすくなります。

具体的には優良建築物等整備事業等の補助、公庫融資、公的債務保証等による資金支援、工事期間中の仮住居としての公共賃貸住宅の活用、借家人および転出区分所有者の移転料の支払い支援、公共賃貸住宅への優先入居などがあります。

4 建替組合方式以外の事業方法

①円滑化法による個人施行

建替組合によって進めることが、円滑化法の理念に合った事業手法といえますが、建替組合を設立するためには5名以上の区分所有者が必要です。区分所有者数が5名に満たない小規模なマンションや、区分所有者が建替組合設立を希望しない場合でも、円滑化法の手続きにより建替えができるのが個人施行による事業です。

個人施行による建替えをする場合の前提条件は、区分所有者の全員同意が必要だということです。したがって区分所有法による建替え決議は必ずしも必要ではありません。

個人施行の施行者は自然人[★23]でも法人でもよく、一人でも数人が共同してでも個人施行者となることができます。個人施行者は事業計画等について都道府県知事等の認可を得て、建替組合による事業と同様に権利変換等の手続きをして事業を進めることになります。

個人施行方式は、円滑化法により行政の監督と支援を受けながら、全員合意の下で自分たちに代わってデベロッパーなどに事業を任せることもできる仕組みですから、等価交換事業の簡

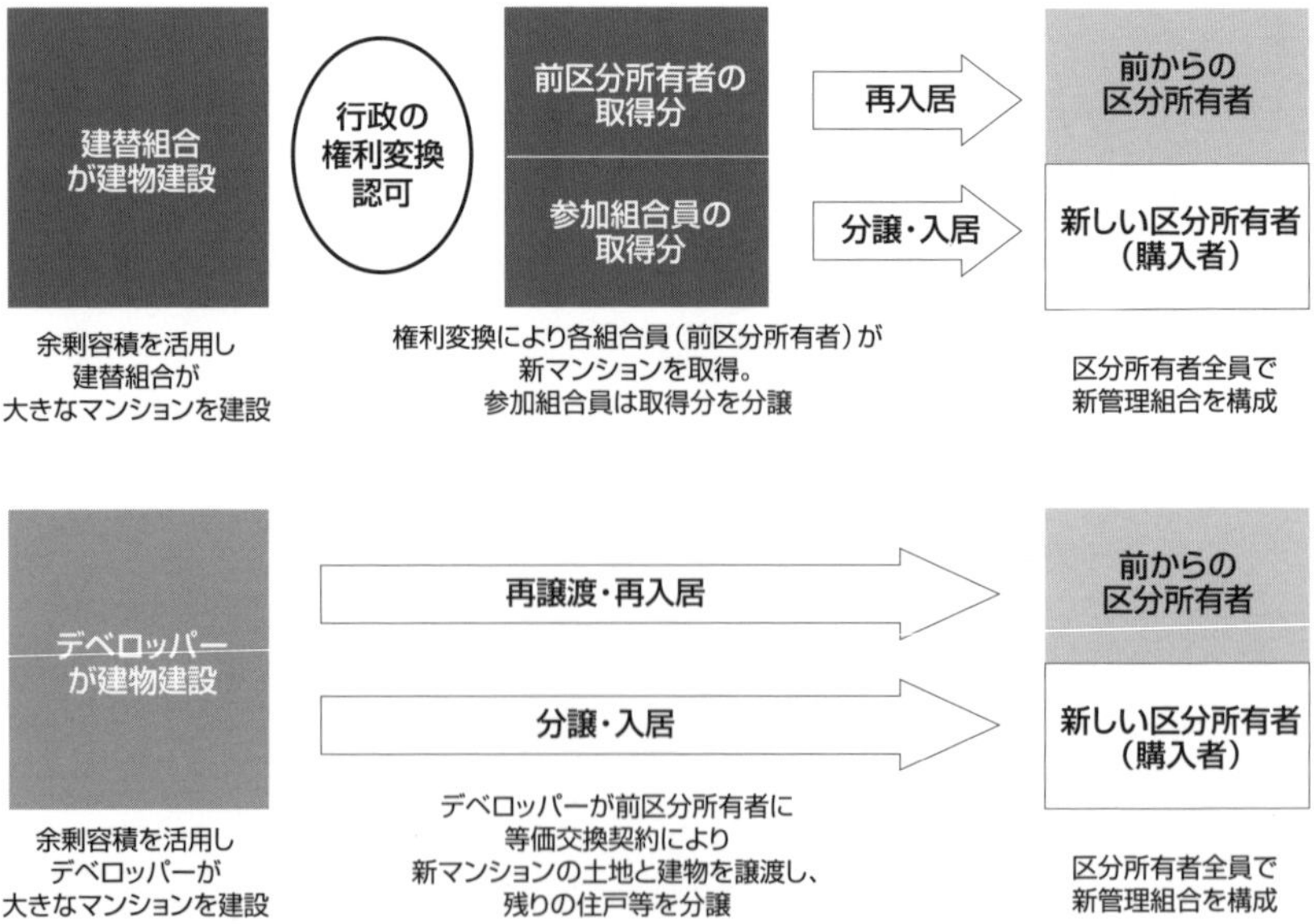

便さを円滑化法の仕組みのなかで生かした方式だともいえます。

②等価交換事業

区分所有法にもとづいて建替え決議をした後は、マンション建替え円滑化法にもとづいて事業を進めることが多いですが、容積率に余裕があり、デベロッパーが取得できる住戸がある場合には、円滑化法の手順を踏まずに、デベロッパーとの間で等価交換契約を結んで、建替事業を行うこともできます。

等価交換事業であれば、円滑化法による事業のような厳格な手続きがいらず、デベロッパーにいったん土地所有権と敷地利用権を移転して、事業をすべて任せることができます。区分所有者の負担はマンション円滑化法による事業に比べて大幅に少なくなりますが、費用と労力とリスクを負担するデベロッパーの取得分がそれだけ大きくなるのが普通です。区分所有者の主体性の発揮にこだわらず、デベロッパーとの

建替組合による事業と等価交換による事業の比較（デベロッパーの関与の違い）

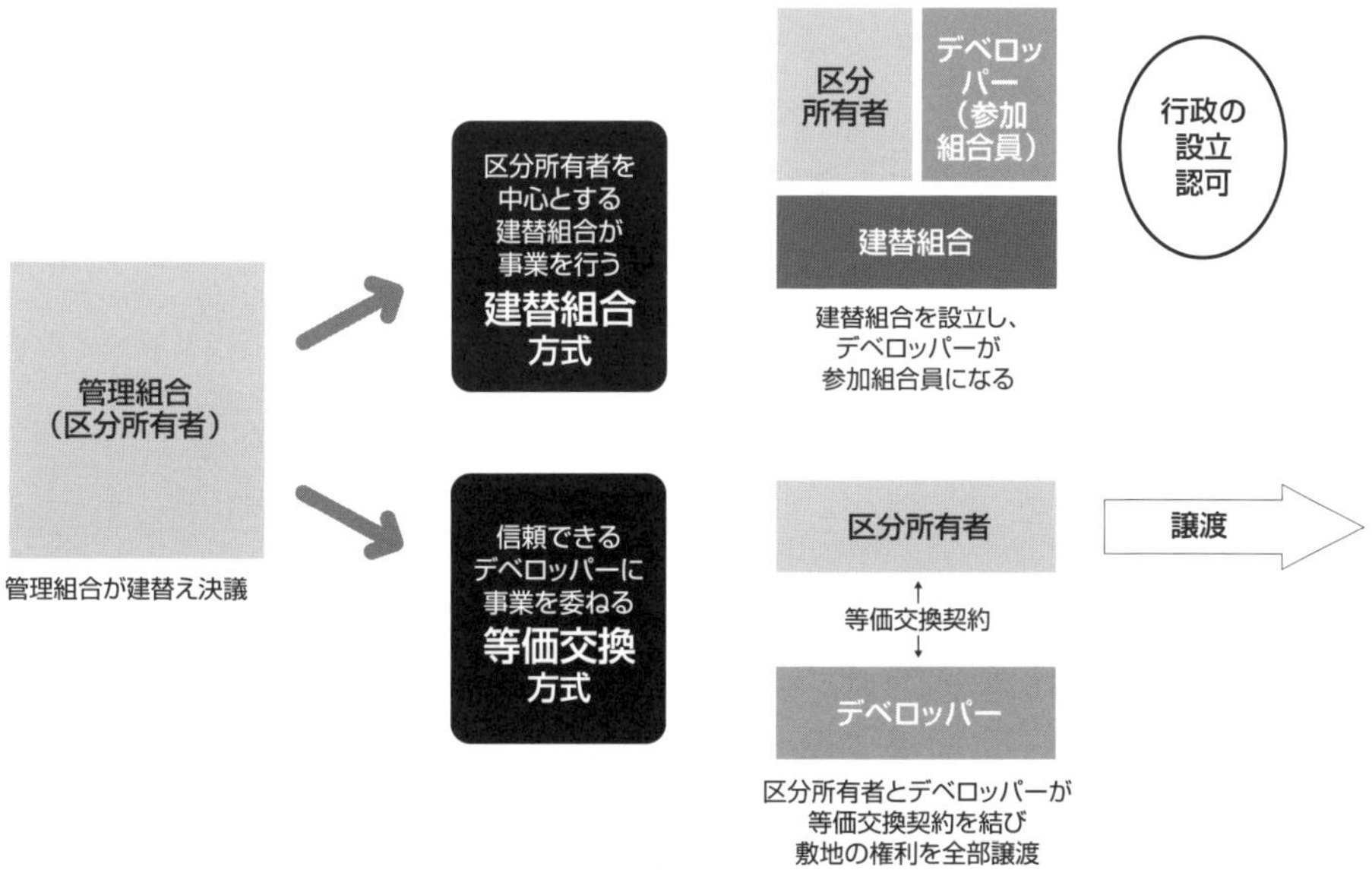

信頼関係ができれば、等価交換事業は手間のかからない事業方式だといえます。

③円滑化法による事業と等価交換方式による事業の違い

円滑化法による建替事業と、等価交換方式による建替事業との大きな違いは次の点にあります。

［円滑化法による建替事業］

・法律に定められた厳格な要件と手続きにより、知事等の認可事業として行われます。
・手続き等が煩雑でそのための費用も必要になりますが、法的な裏付けがあるだけに区分所有者の権利を保全しながら事業を進めることができます。
・区分所有者以外の関係者の権利も、法律にもとづく権利変換手続きによって新しいマンションに移行します。抵当権などを持つ権利関係者は安心して事業に協力できます。
・組合施行の場合は、区分所有者が自ら建替組合を組織し事業の主体として、重要な意思決定を行いますから、それだけ負担と責任が大きくなります。

［等価交換による建替事業］

・デベロッパーとの民事契約（等価交換契約）により行われます。
・等価交換事業は、土地と建物に関する権利をいったんデベロッパーに譲渡し、そのデベロッパーが事業主体となって新しいマンションを建設します。計画の主導権や重要な意思決定権は基本的にデベロッパーが持つことになります。
・デベロッパーが主に法的責任とリスクを負担しますから、区分所有者は細かいことに煩わされることなく建替えを行うことが可能になります。

★23　法律上の権利能力を持った人間のこと（民法第3条「私権の享有は、出生に始まる」）。

・いったんデベロッパーに建物土地の権利が移転するため、その後の区分所有者の権利保全は、信頼関係にもとづいて結ばれる等価交換契約の内容次第になります。

どちらの方法を選ぶかは、マンションの規模や状況、区分所有者の意識、管理組合の経験や能力など、さまざまな条件を総合的に考えて決めることになります。

5 建替えへの不安や課題を考える

マンションの現状を診断した結果、老朽化が進んでいることに加えて、修繕や改修工事だけでは安全・快適に生活することが難しい、つまり建替えをした方が良いことがわかっても、実際に建替えをするためにはさまざまな問題が予想されます。これらをどんな方法で解決するのかも、あらかじめ知っておきたいことです。

①資金づくりへの不安

現在のマンションが敷地の広さに比べて容積率に余裕があれば、建替えによって生まれた専有部分を売却して、建替え費用をまかなうこともできます。しかし、中層の団地型の建物で、敷地にかなり余裕があった上作延第三住宅の場合でも、新しいマンションで広い住戸を確保するためには、各人が自己資金を出したりローンでお金を借りたりしました。

一般のマンションの場合には、容積率の余裕がないため、自己資金ゼロで建替えできるケースは少ないはずです。

多くの区分所有者が建替えに賛成し、事業に参加するためには、資金面での不安を解決するための道筋を示すことが必要になります。とくに、年金が主な収入源で新しく住宅ローンを借りることが難しい高齢者などにとっては、建設資金だけでなく、仮住居への引っ越し費用や家賃なども大きな負担になりますから、建替えに賛成できないこともあります。また、まだローン返済中の区分所有者もいます。こうした人たちの不安にできるだけ応えるような仕組みも次第に整ってきました。

・高齢者向け返済特例制度

高齢者用の融資として住宅金融支援機構（旧住宅金融公庫）の高齢者向け返済特例制度（リバースモーゲージ）があります。これは60歳以上の建替え参加者を対象としたもので、最高1000万円まで建替え融資を受け、月々の返済は利息だけで済みます。元金は死亡時にそのマンションを処分して一括返済する仕組みで、上作延第三住宅でも4人がこの制度を利用しました。

・住宅ローンを返済中の区分所有者

ローンが残っている場合、まず問題になるのは、現在返済中のローンの扱いです。以前は、いったんローンを返済して抵当権を抹消することが必要でしたが、円滑化法による建替えを行う場合には、権利変換をすることにより現在の抵当権を抹消しないまま新しいマンションに移行させることができます。ただし、この場合でも、新しいマンションの計画内容を金融機関に説明して、同意を得ることは必要です。

もちろん、これで現在返済中のローンが解消するわけではありませんし、建替え資金を新たに借りることができるかどうかは、ローン残高や返済能力次第ということになります。

しかし、築年数が経過した現在のマンションの評価額と、建替え後の新しいマンションの評価額を比べれば、当然、大幅に評価額（資産価値）が向上しますから、担保価値も増えることになります。上作延第三住宅でも住宅ローンを返済中の区分所有者が3人、建替えに参加しました。

なお、こうした金融機関への説明や同意を得ることは、個々の区分所有者だけでは難しく、組合役員を含めてほかの区分所有者も関与しにくいのが普通です。コンサルタントなどに協力してもらうと良いでしょう。

②借家人への対応

上作延第三住宅には、団地の草刈りなどを通じて区分所有者だけでなく借家人を含む居住者間のコミュニケーションが良かったため、建替え計画の進行状況が借家人にも伝わっていました。したがって、管理組合や建替組合が借家人への対応に苦労することはあまりありませんでした。

高齢者向け返済特例制度

建て替えるマンションに従前から居住していた高齢者（申込時60歳以上）が、建替え後のマンションに居住する場合は、生前は利息だけの返済で融資を受けることができる「高齢者向け返済特例制度（リバースモーゲージ）」が利用できる。

制度のポイント

○毎月の返済は利息だけ

（例）金利3.3％で1000万円（10年元利均等返済）の毎月返済額
一般的な返済方法　98091円
高齢者向け返済特例制度　27750円

○元金は死亡時に一括返済

元金は債務者全員が死亡したときに相続人が一括返済。相続人がいないなどの場合には高齢者住宅財団が代位弁済もする。

○機構融資の限度額は1000万円

購入資金（権利変換がある場合は増床購入資金）の8割または高齢者住宅財団が保証する額の範囲。

○高齢者住宅財団が連帯保証人

融資金×1.5％の保証料と事務手数料が必要

（高齢者住宅財団のウェブサイトより）

しかし、一般的な傾向として、マンションは築年数が経過するほど賃貸化が進み、居住者に占める借家人の割合が大きくなります。借家人は、管理組合員ではありませんから建替え決議の当事者にはなりませんが、事業を進めるうえで協力を得なければならないことが少なくありません。

また、円滑化法では、建替え決議をした後も借家権者がいる場合には、建替え後のマンションの借家権を取得することができると定めています。建替えを計画するときには、あらかじめこのことを知っておく必要があります。

借家人との関係は、個々の区分所有者の問題ですが、現在の借家人に新しいマンションの住戸を賃貸する意思がなければ、建替え決議をするまでに借家人との間で、借家契約の終了について合意しておく必要があります。

なお、円滑化法は転出する借家人等の公共賃貸住宅等への優先的な入居を支援することを自治体に求めています。

③非賛成者への対応

建替えに賛成しない人は、なんらかの個人的事情を抱えているか、建替事業の仕組みや意義を誤解していることが多いものです。資金や将来への不安など個人的な悩みや問題を抱えている人には、親しい居住者などを通じてどんな事情があるのか理解し、解決策を考えることが必要です。

建替事業は、各区分所有者や居住者の個人的事情や家庭内の問題にも、ある程度踏み込まなければ前に進まないこともあります。プライバシーを尊重することはもちろん大前提にな

ります が、個々の事情もある程度理解し合い、結果的にみんなが助け合わなければ事業が成功しないような場合もあることを、あらかじめ知っておきたいものです。

事業の仕組みを理解することで、不安が少なくなることもあります。たとえば、経済的に困難な事情があるため建替えに賛成できない人でも、建替えによってマンションの資産価値が上昇するため、建替事業に参加したうえで、新しいマンションの権利を譲渡する方法もあることが理解できれば、考えを変える可能性もあります。築年数が経過し老朽化したマンションを売るときよりも、多くのお金を手にすることができるはずだからです。

一戸建て住宅の建替えは古い家から新しい家に住み替えることにすぎませんが、マンションの建替事業は、建物が老朽化することによって低下していた資産価値を上げる効果があります。したがって、単なる住宅の建替えではなく、資産価値アップのための共同事業としての性格も持っています。

建替え後のマンションに入居するつもりがなくても、事業に参加をすることが「得する」ことだということを理解してもらえれば、協力をしてもらうことができるかもしれません。

④仮住居

工事期間中の仮住居の問題は、高齢者や小学生などのいる区分所有者にとって、不安なことの一つです。建替えを検討する段階で、解決の方法を区分所有者全体に示し、早い段階から準備をすることが必要です。一般的には、マンションの近くに住居を借りて住む人が多いようですが、上作延第三住宅のように工事中も建替組合の会合が頻繁に行われるようなことも考慮しておきたいことです。自治体が建替え工事中の仮住居として比較的安い賃料で、公

c o l u m n

みんなで新築マンションに住み替える

築年数が経過したマンションの大がかりな改修や建替えをするためには、区分所有者の皆さんに大きな負担がかかります。「そんなエネルギーはもうないよ……」という方が多いマンションで検討して頂きたいのが、みんなで新築マンションに住み替えること。デベロッパーと相談をして、現在のマンションと新築するマンションを、まるごと交換するのです。

条件などを管理組合とデベロッパーが交渉をしてとりまとめたうえで、契約は個々の区分所有者とデベロッパーの間で結びます。建替え決議をするための膨大な作業や、建替え決議をした後の煩雑な手続きは必要ありませんから、時間も大幅に節約できます。

現在のところ、こうした制度はありませんから、前提になるのは、管理組合・区分所有者の皆さんとデベロッパーの間に信頼関係があるかどうかです。公正な判断力と調整能力のあるコンサルタントが介在することも必要でしょう。

的な賃貸住宅を斡旋《あっせん》する制度を設けている場合もあります。とくに、高齢者世帯などの仮住居は早めに目途をつけておくことが事業をスムーズに進めるうえでも効果的です。高齢者は住み慣れた環境が変わるとストレスが高じて心身への悪影響も起きやすくなりますから、近くに何人かがまとまって暮らせるような方法をとるような配慮も必要です。

なお、仮住居の費用は、事業費によほど余裕がある場合は別にして、一般的には、各自で負担することになります。

⑤容積率不足

その建築物が建設された当時は建築基準法や都市計画に適合していても、その後の法令改正の結果、現在は法令の制限に適合していないものを「既存不適格」といいます。既存不適格建築物を建て替える場合には、新しい建物を現在の法令に適合させることが求められます。既存不適格で一番多いのは容積率の不足です。その場合、なにか特別な方法をとらなければ、現在のマンションよりも建物の大きさが小さくなりますから、住戸数が減るか各住戸の面積が小さくなります。もちろんこれでは事実上、各区分所有者が満足するような建替えが不可能になってしまいます。

こうした事態を打開するためには、次のような方法が考えられます。

・総合設計制度の活用

総合設計制度は、行政が市街地の環境の整備改善に役立つと認めた事業について、容積率規制等の限度を超えて建築を許可する制度です。一定規模以上の敷地面積や、敷地内に一定の空地を確保することなどが必要になりますが、容積率の割増しを受けることができるため、

既存不適格マンションの建替え

1. 総合設計制度

敷地に公開空地を設け、容積率の割増しを受けて建て替える

2. 隣地とあわせて建て替える

隣地を購入するか、隣地の所有者等と共同で建て替える

3. 連担建築物設計制度

隣地で使っていない容積率を購入して建て替える

4. 周辺の建物と一緒に市街地再開発事業を行う

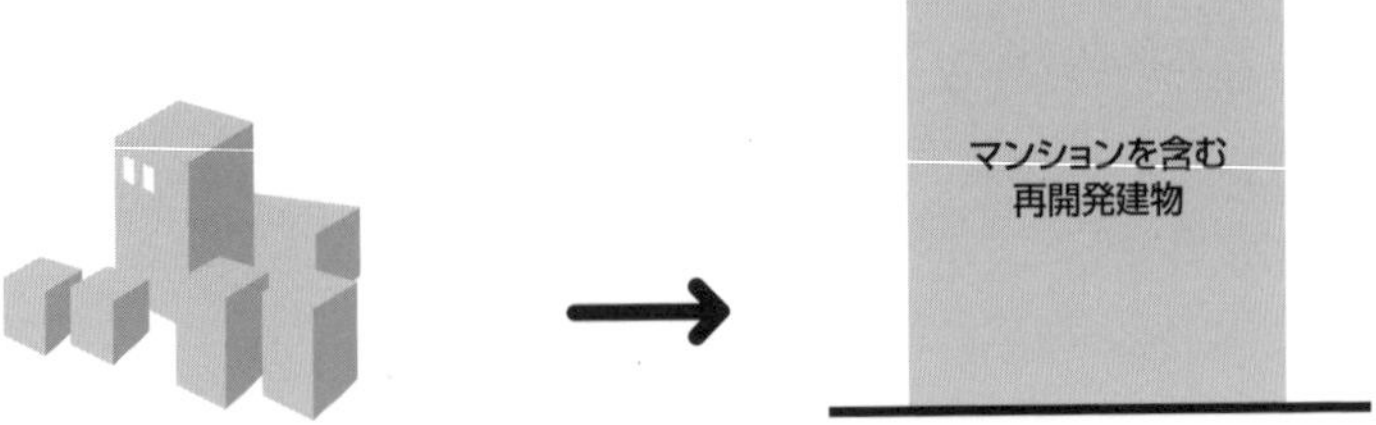

既存不適格マンションなどの建替えでは利用されることが多くなっています。

・隣接地との共同建替え

マンションの隣にある土地を購入して敷地面積を広げたり、隣の土地・建物の所有者と協力して共同で建替えを行う方法です。こうした方法は、以前は区分所有者の全員合意がなければできませんでしたが、区分所有法の改正および円滑化法の制定によって一般の建替事業の範囲内でも実施できるようになりました。

・連担建築物設計制度の活用

連担建築物設計制度は、複数の敷地をひとつの敷地（連担した敷地）として扱うことで、既存の建物の余剰容積率を、隣接する敷地に移転することで大きな建物を建てることができる制度です。この制度を活用すれば隣接する敷地にある建物の容積率の未利用分を購入し、容積率を移転して大きな規模のマンションに建て替えることができます。

・市街地再開発事業への参加

都市計画法、都市再開発法にもとづく市街地再開発事業により、既成市街地を一体的に整備するなかでマンション建替えを実施することもできます。

6　コンサルタントと事業協力者の役割

①タイミングが重要なコンサルタントやデベロッパーの活用

建替事業ではコンサルタントや事業協力者等の外部の専門家が大きな役割を果たすのが普

通です。問題は、どの段階でコンサルタントや事業協力者等に参加を求めるか、そのタイミングです。

上作延第三住宅の場合は建替えに詳しい区分所有者がコンサルタントとしての役割を担い、制定されたばかりの建替え円滑化法の趣旨に沿って、設計や建設工事の発注はもちろん、建替えで増加する住戸の販売まで自力で行うつもりで管理組合が取り組みました。そして、建替え案の骨格がある程度でき上がった段階で、自分たちだけでは事業を遂行することが難しいと判断して、事業協力者となるデベロッパーを選定しました。

自力で事業をしようという当初の意気込みは達成できませんでしたが、こうした姿勢で取り組んだことが、区分所有者の共感と信頼を得ることになり、早い段階で建替えをする方向でまとまることができました。

建替事業は区分所有者の大切な財産の行方を決めるだけでなく、工事費などで多額なお金が動きます。推進役になる人と建設業者やデベロッパーとの「癒着」や「裏取引」があるのではないか？　といった疑心暗鬼が区分所有者の間に生まれて、建替えが頓挫することも珍しくはありません。

上作延第三住宅でも、デベロッパーなどが最初から関わっていたら、意見がまとまらなかった可能性もあると鈴木さんたちは言います。自分たちだけでは事業を完遂するのが難しいことを、多くの区分所有者が理解した段階で、デベロッパーを事業協力者としたので不必要な疑念も生まれなかったということです。

自力で事業をするつもりで取り組んできた結果、区分所有者（管理組合・建替組合）が最後まで一貫して主体性を発揮することもできました。建替組合設立が認可された段階になって事業協力者（参加組合員）を交代させたのは異例のことですが、多くの区分所有者が事業の仕組みや手続きをしっかり勉強し理解してきたから、こうしたことも可能になったわけです。

建替事業は、組合施行、等価交換といった事業手法にかかわらず、多くの場合、区分所有者と事業協力者による共同事業として行われますが、実際にはデベロッパー等の主導で行われるものも少なくありません。しかし、上作延第三住宅の建替事業は、区分所有者と事業協力者との文字どおりの共同事業として遂行され、次第に信頼関係を深めながら完成しました。

②コンサルタントと事業協力者は、どこが違うのか

上作延第三住宅の場合は、建替えに詳しい区分所有者がいたために、外部のコンサルタントに協力を求める必要はありませんでした。しかし、こうしたケースは稀です。建替えを検討し、管理組合総会での建替え決議をするためにはコンサルタントの力を借りることになります。

では、コンサルタントはどんな役割をするのでしょうか？　また、コンサルタントと事業協力者とはどこが違うのでしょうか？

大雑把な理解としては、コンサルタントは区分所有者の利益を実現するために、管理組合の「身内」としての立場で、建替えについてのアドバイスをし、専門的な知識や技術が必要な実務を担当します。これに対して、事業協力者は区分所有者とともに建替事業を実施し、事業を成功させることで利益を得る共同事業者です。

「お金」についての関係も、コンサルタントと事業協力者は違います。コンサルタントは管理組合から報酬を受け取り管理組合のために働きますから、成功報酬はあるとしても、事業

に出資をするといったリスクは原則として負いません。これに対して、事業協力者は共同事業者として負担金などの形で出資し、事業の成果を享受しますが、リスクも負うことになります。

③コンサルタントの仕事

コンサルタントのことを「区分所有者の利益を実現するためのアドバイスや実務をする『身内』に近い存在」と書きましたが、実際にはどんな役割を担うのでしょうか。

マンションの建替えを考えることは、個々の区分所有者にとっても、管理組合にとっても、マンションを管理運営するうえで最も重いテーマです。「マンション標準管理規約」は管理組合の業務として17項目を挙げ、その一つに「建替えに係る合意形成に必要となる事項の調査に関する業務」があります。

ここで大切なことは、「建替えに係る合意形成」をすることは、みんなで建替えをすることを決意するだけでなく、どんな方法で、どんなマンションに建て替えるのかを検討し、事業計画をつくるということです。新しいマンションの概要や資金計画を含む事業計画のあらましは管理組合の理事会等でつくり、総会に提案して議決することになります。

「建替えに係る合意形成」を導くためには、建替えに関係する建築、法律、金融、税務といった実務に詳しい専門家の協力がどうしても必要になります。こうした専門家のことをコンサルタントと呼んでいます。具体的には、建築設計、都市計画、不動産鑑定、マンション管理、税務会計などを業とする事務所や有資格者の個人が、建替コンサルタントを行うのが普通です。

コンサルタントの資格や役割について、法令等で定められているわけではありませんが、次のような役割を担うことになります。

・法律・制度、マンションの実情、区分所有者の事情等を総合的に判断して、建替えについて組合が決議をするまでの手順を組み立てたり、検討に必要な資料を作成します。管理組合でスムーズに話合いが行われ、区分所有者が相互に理解を深めるための下地をつくります。

・マンションの建物・設備のハードの状態、区分所有者や居住者の構成といった客観的な状態を把握し、これらの情報をもとに区分所有者が現状を理解し、今後の方針を具体的に検討できるようにします。

・建替えに関係する各分野の専門家の知識や技術をコーディネートします。

・各区分所有者の意向を聞き、とくに建替えに消極的な人の本音や事情を理解し、解決策を考える手助けをします。

・合意形成の推進。みんなの意向をくんで、総合的に調整し、事業を組み立てます。

・具体的な建替え計画、事業計画などを検討し、管理組合総会に提案する建替え決議案の作成に協力します。

・設計事務所、事業協力者、建設会社等の選定に協力します。

・建替組合による事業を実施する過程で地権者（区分所有者）の立場で、その利益の実現に努力し、建替事業を成功に導くためのアドバイスをします。

以上のように、コンサルタントは建替え検討委員会、理事会、総会などのアドバイザーとして、総会で建替え決議が円滑に行われるようにするとともに、決議後も建替組合設立、権利変換等の過程で区分所有者の利益が実現するようにサポートをします。それだけにコンサルタントには、各区分所有者をはじめ各関係者から信頼される人間性、さまざまな分野の専門家や専門知識をコーディネートする能力、書類や資料を作成する実務力等が必要です。

④コンサルタントの選び方

マンションの建替えは、区分所有者が主体となる事業ですが、当然のことながら区分所有者の多くは素人です。この素人集団を建替事業の主役となるように、サポートすることがコンサルタントの使命です。

マンション全体の資産価値は、たとえば1戸3000万円として50戸ならば15億円ですが、建替えによって資産価値が左右されることも少なくありません。建替えに成功するかどうかがコンサルタントの手腕や力量によって決まることもあります。また、コンサルタントは、各区分所有者の意向をそれぞれの家庭の事情なども含めて把握し、相談に乗るような場面もあります。

コンサルタントの選定過程が不透明だと、区分所有者のなかに疑念や懸念が生まれスムーズな検討が進まないことがあります。コンサルタントを選ぶときには、管理組合のなかでコンサルタントに依頼する事項、報酬、選定方法・手順等を検討することはもちろん、募集や選定過程を公開するなど透明性を高くする必要があります。

とくに金額や資格だけでなく、人柄を見極められるよう、面談をするのがよいでしょう。

コンサルタントと業務委託契約を結ぶときは、業務の範囲や内容を明示するとともに、知り得た秘密の厳守や契約違反があったときの措置なども明確にしたうえで、仕事の内容に見合った報酬を支払うことが必要です。

⑤事業協力者の役割

事業協力者は建替えの主体である管理組合や建替組合と共同して事業を進めるパートナーです。話をわかりやすくするために、仮に「出資」という考え方をすれば、建替えは区分所有者が区分所有権や敷地利用権を「出資」し、事業協力者は資金やノウハウ、事務局に人材を「出資」する共同事業と考えることができます。

事業協力者はデベロッパーや建設会社ですから、こうした企業は建替事業を成功させて収益をあげることが、共同事業を行う動機となります。このためデベロッパーなどは事業協力者となるための一種の営業活動として、管理組合に協力をして、区分所有者の合意形成に尽力するなど、実質的にコンサルタントの役割を果たすこともあります。こうした場合には、専門家にコンサルタント業務を依頼するときとは違い、事前に報酬を払う必要はないのが普通です。デベロッパーなどは先行投資として無償またはそれに近い形で管理組合に協力するからです。

建替えの合意が成立した段階でデベロッパーなどは正式に事業協力者となり、事業から収益をあげて先行投資分も回収することになります。もちろん、建替えの合意が得られないときには、そのために費やした時間（労力）や費用を回収できないこともあるわけです。

管理組合がコンサルタント報酬を用意できないようなときに、こうした方法でデベロッパーなどの協力を得ることは、あながち悪いこととはいえません。管理組合（区分所有者）がリスクを取らない分の還元率が、少なくなることさえ理解していれば、負担やリスクなしに建替えを検討できることになります。

⑥事業協力者の選び方

デベロッパーを事業協力者として事業を行う場合は、建替えによって生みだされた住戸を分譲することでデベロッパーの収益とするのが普通です。「上作延第三住宅」が「ライオンズ溝の口レジデンス」に生まれ変わったように、建替え後のマンションはデベロッパーのブランドで販売されますし、入居後の管理実務もデベロッパー系列の管理会社に委託することが多いです。ちなみに「ライオンズ溝の口レジデンス」の管理業務もD社系列の管理会社が受託しています。

事業協力者を選定するときは、数社から提案やプレゼンテーションを受けて、管理組合や建替組合で決めることになります。提案内容とともに、企業の信用力、事業実績、販売力、ブランド力、中古市場での流通性、管理会社の能力等、マンションの居住性と資産性を多角的に検

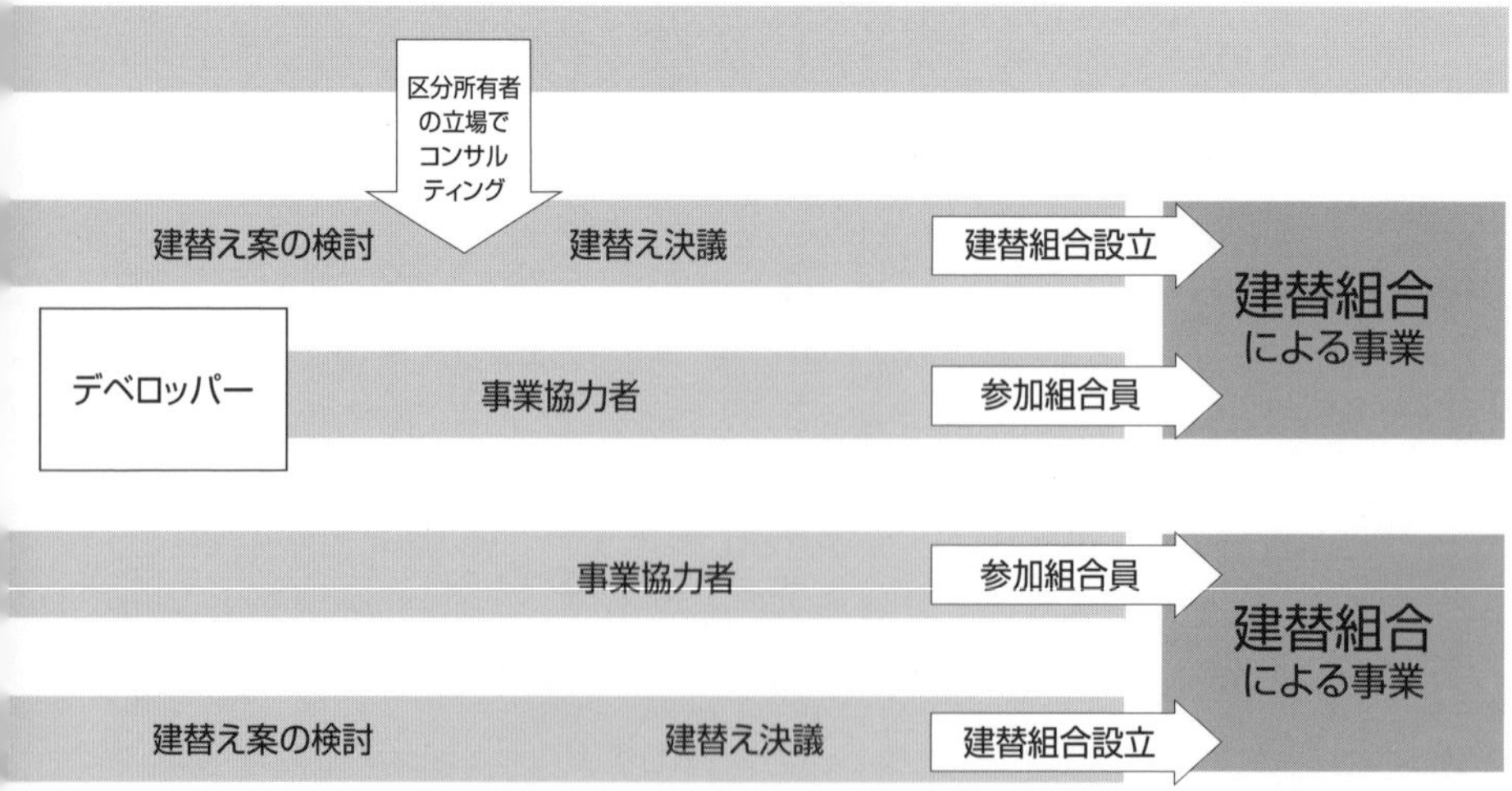

デベロッパーが将来構想や建替えの検討段階から関与する。この間の費用はデベロッパーが負担することが多い。
管理組合は負担がないため取り組みやすいが、デベロッパーの役割が大きいため還元率に影響する。

討して総合的に判断します。

また、忘れてはならないことは、実際に事業を担当する人の熱意や能力です。建替事業には専門知識や技術力はもちろん必要ですが、多くの区分所有者等の利害や気持ちを汲み取りながら、一つひとつ問題を解決させることができる人間性や心の温かさも欠かせません。こうしたことは会社の看板だけでは判断できません。

プレゼンテーターには会社のエースを登場させて、実務は違う社員が担当することも考えられます。実際に事業を担当し区分所有者と苦楽をともにできる人を配属できるかどうかを確かめることが必要です。

管理組合総会でマンション建替え決議をするためには、決議案に事実上の事業計画を盛り込まなければなりません。決議案の作成作業には長い時間と労力が必要ですから、検討委員会や理事会が事業協力者とともにこの作業を行う過程で、企業の体質や文化もおのずとみえてくるはずです。

コンサルタントとデベロッパーの役割

コンサルタントとデベロッパーが関与する場合

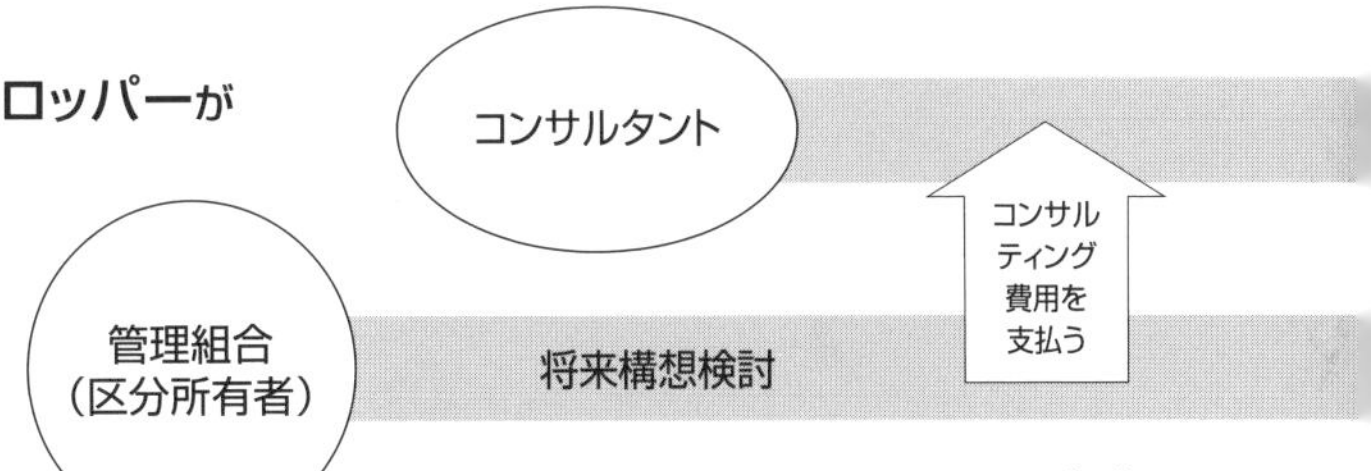

管理組合の費用負担で専門家にコンサルティングを依頼するため、デベロッパー主導の事業になりにくい。

デベロッパーだけが関与する場合

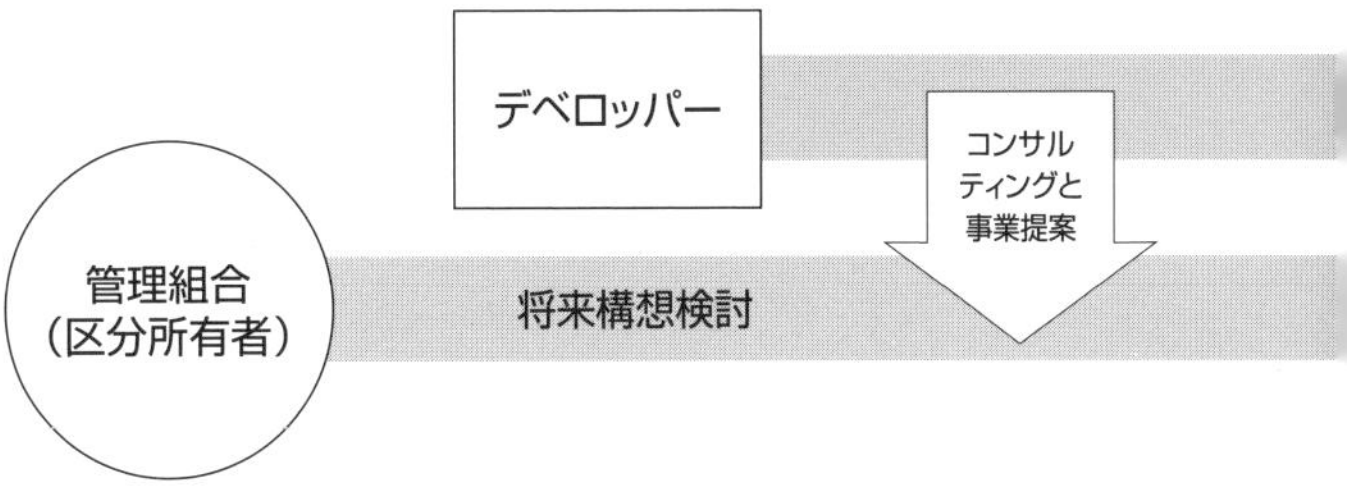

建替え決議案をつくりあげるためには、法律や制度に詳しいことだけでなく、区分所有者、居住者、近隣の人たちなど、利害や考え方が違うさまざまな人々を調整し、信頼関係を築きながら、意見をまとめていくことが欠かせません。管理組合と事業協力者が、このプロセスを共有することで、事業のパートナーとして望ましい相手かどうかの判断もつくというわけです。もし、建替え決議案をつくりあげる過程で、パートナーとしてふさわしくないと判断した場合には、事業協力者を変更することもできます。

管理組合の主体性を尊重するとともに、建替えによって生まれる付加価値をできるだけ大きくする能力があり、区分所有者の利益の実現を通じて、自社の利益の実現を目指す企業を選定したいものです。

⑦還元率

容積率に余裕があるマンションを建て替えるとき、自己負担なしでどの程度の広さの住戸を手に入れることができるかは、区分所有者にとって大きな問題です。旧マンションの住戸面積と新マンションで取得する住戸面積の比率を「還元率」といいます。

旧マンションの住戸が50㎡で、新マンションの住戸が60㎡ならば、60㎡／50㎡＝120％の還元率です。旧住戸50㎡に対して新住戸40㎡だと還元率は80％です。

個々の区分所有者の還元率は、新旧の住戸の位置などによって違いますが、建替事業全体の還元率である「平均還元率」を少しでも高くなるようにするのが、管理組合・建替組合の努力と、事業協力者の腕のみせどころです。

c o l u m n

還元率100%が減っている

戸建て住宅の場合は所有者が自分でお金を出して建て替えるのが常識です。ところがマンションの場合は、自己資金なしで建て替えるのが常識のようになっています。しかし、これは本来おかしなことで、自宅の建替えである以上は、自分のお金を出すのが普通です。自己資金ゼロの建替えができるのは、旧マンションの容積率にかなり余裕があるか、地価上昇の恩恵を受けた場合ですから、あくまでも特別な事例だと考えた方がよいでしょう。

実際に、最近は還元率が100%未満、つまり自己資金ゼロで入手できる新マンションの専有面積が、旧マンションよりも狭い事例も増えています。萩中住宅83%、桜新町グリーンハイツ80%、江戸川アパートメント53%といった具合です。

容積率に余裕がない小規模なマンションを単独で建て替えるときには、還元率がゼロということもあります。こうした場合でも、再開発と同じような発想で周辺の土地を含めて計画をすることで還元率を増やし、資金負担を減らすこともできます。

第4章 建替事業に着手する

1 将来の構想から建替えの検討へ

第2章で述べたように、築20年程度が経過し、2回目の大規模修繕工事を実施するのと並行して、マンションの将来について「将来構想検討委員会」などを中心に、修繕・改修を積み重ねながら老朽化を防ぐか、建替えをする方向で考えるか検討することが望ましい形です。そのなかには、建物・設備の状態などマンションの現状を客観的に把握することも含まれます。「将来構想検討委員会」が検討した結果をもとに、今後の具体的な方向を管理組合で考えることになります。「将来構想検討委員会」が検討結果を管理組合理事会に報告するときには、修繕・改修か建替えかの方向を示すだけでなく、今後の進め方についての考え方や、問題提起も含めたほうがいいでしょう。

とくに、建替えの方向で検討を進める必要があると判断した場合には、第3章で示した建替えについての制度の概略を紹介し、具体的な検討手順も示すことが必要です。建替えの制度等について、正しい知識が行き渡っていない場合には、一般論だけでは今後の論議が混乱することもあります。できるだけ客観的で冷静な検討や論議ができる土俵をつくることも、「将来構想検討委員会」の役割といえます。理事会は、「将来構想検討委員会」から提出された報告内容を詳しく検討し、その内容が妥当であると判断すれば、理事会としての考え方や今後の方針案を決めて総会に提案することになります。

ここで重要なことは、理事会が建替えを検討する必要があると判断しても、この段階で、一足飛びに建替えを総会で決議するわけではないことです。まず「管理組合として、本格的に建替え計画の検討を行う」ことを総会に提案し決議することが、その後の検討をスムーズに進めるうえで欠かせません。国土交通省のマニュアルなどでは、これを「建替え推進決議」と呼んでいますが、推進という言葉に反発があるような場合には、「建替え検討決議」でもいいでしょう。いずれにせよ、どのような方法で建替えを行うのか、さらに詳しく検討することを総会で決めることがまず必要です。

具体的には、まずこれまでの「将来構想検討委員会」を改組して「建替え推進（検討）委員会」を設け、建替え検討のために必要な資金を予算化することや、コンサルタント等の外部の専門家に協力を求めることなどを決めていきます。

この建替え推進（あるいは検討）決議について、法律は特別の定めをしていませんから、管理組合総会の普通決議として出席者の過半数の賛成で決めることができます。しかし、建替え決議には区分所有者数と議決権数の各5分の4以上の賛成が必要なことを考慮すれば、この「推進（検討）委員会」の設置についてもできれば4分の3か、少なくとも3分の2以上の賛成による特別決議とすることが、後々の合意形成をスムーズにするためにもよいでしょう。

「建替え推進（検討）委員会」は、総会の決議によって設置される組織ですが、他の専門委員会と同じように、理事会の下部組織である諮問機関とすることがよいでしょう。建替えという大きな問題を検討する組織なので、総会の議決による運営細則をつくり、これにもとづいて公開性や透明性の高い運営をしましょう。そうすることで無用のトラブルを避け、円滑な議論を行うことができるはずです。「建替え推進（検討）委員会」は、建替えを行うための諸課題を検討しますが、それは総会に提出する「建替え決議」の内容を具体的に検討することにもつながります。第3章でも述べたように、総会で建替え決議案を審議し採決することは、単に建替えに賛成・反対を決議することではなく、建替事業の内容（計画）を詳しく示した議案を審議し、賛否を問うことになるからです。

2 検討のための費用

「建替え推進（検討）委員会」は、建替事業の内容に踏み込んだ詳細な検討をしますから、外部の専門家の協力も必要です。当然、かなりの費用がかかることになるので、この費用を管理費や修繕積立金から支出することができるかどうかが問題になることがあります。

「マンション標準管理規約」は第28条で、修繕積立金について「特別な管理に要する経費に充当する場合に限って取り崩すことができる」とし、そのなかで「建物の建替えに係る合意形成に必要となる事項の調査」のために使用することを認めています。したがって、マンションの管理規約が「マンション標準管理規約」に準拠している場合は、この条項を適用することで「建替え推進（検討）委員会」の費用を支出することができます。

しかし、築年数が経過したマンションの場合、管理規約が「マンション標準管理規約」に準拠していないことも珍しくありません。たとえば、「中高層共同住宅標準管理規約」に準拠した規約の場合、「建物の建替えに係る合意形成に必要となる事項の調査」のために修繕積立金を使用することは明確に定められていません。判例では、建替えのための調査検討に、修繕積立金を取り崩しても適法とされていますが、管理規約の裏付けが欲しいところです。

3 管理規約をチェック

区分所有法には管理組合で建替え決議をする手順と議案に盛り込む必要事項が定められています。その基本的な考え方は、建替えが区分所有者全員の大切な資産を左右することだけに、区分所有者が適切な意思決定をするために必要な資料や情報を、招集通知や説明会を通じて入手し、十分な時間をかけて、建替えか修繕かの判断ができるようにすることです。

したがって、マンションの管理規約に、区分所有法が定める手順等を明示し、みんなが理解したうえで賛否を意思表示できるようにしておく必要があります。「マンション標準管理規約」には、区分所有法に対応した、建替え決議をする場合の手順等が盛り込まれていますから、築年数が浅いマンションの規約には、原則としてこれらの条項があるはずです。

しかし、現在のマンション標準管理規約が作成される以前に供給されたマンションの管理組合では、前述したように、古いタイプの管理規約を改正しないまま使っていることがあります。こうした場合には、建替え決議をするために必要な条項が規約に含まれていないのが普通です。

管理組合で建替えについて検討をはじめるときには、管理規約に現行の区分所有法に適合した建替え決議についての定めがあるかどうか確かめ、定めがない場合は、区分所有者数と議決権数の各4分の3以上の賛成による規約改正を行う必要があります。上作延第三住宅の場合は、新たに管理組合を設立するときに、建替え決議についての規定を含む管理規約を制定しました。

当然のことですが、建替え決議をする場合には、区分所有法が定めている手順や方法を守らなければなりません。たとえ大多数の区分所有者が賛成すると思われるときでも、手順や方法に誤りがあると、建替え決議が無効になりますから十分注意したいところです。

管理規約のチェックポイント

マンションの将来を検討する場合、管理規約が改修工事や建替えについて検討できる内容になっているかどうかのチェックが必要です。マンション標準管理規約をもとに自分たちのマンションの規約に、次のような規定があるかどうかを確かめてください。

※(標○条)はマンション標準管理規約の該当する条項

1. 建替えについての合意形成に必要な事項の調査が、管理組合の業務に含まれているか?(標32条)
2. 建替えの合意形成に必要となる事項の調査のために、修繕積立金を取り崩すことができるか?(標28条)
3. 管理組合総会で建替え決議を目的とする管理組合総会を招集する場合の、手続きが明記されているか?(標43条)
4. 管理組合総会で建替え決議をする場合の議決方法が明記されているか?(標47条)
5. 管理組合が、専門的知識を有する者を活用できることが明記されているか?(標34条)
6. 管理組合に、専門委員会を設置できることが明記されているか?(標55条)

4 建替え決議案に盛り込むこと

区分所有法では、建替え決議をするときに以下の内容を示す必要があることを定めています。これだけの内容を検討して決議案とすることは、前述したように実務的には建替事業に必要な作業を半分以上行うのと同じことになります。

①議案の要領

・新たに建築する建物（以下「再建建物」という）の設計の概要

一棟の建物全体の用途、構造、階数、建築面積、延べ床面積、各階ごとの床面積等を示すとともに、各専有部分の用途、配置、床面積、間取りも示します。

・建物の取壊しおよび再建建物の建築に要する費用の概算額

建替えにかかる費用総額の概数を示します。決議の段階ではあくまでも予定額ですから、区分所有者が賛否の判断ができれば、ある程度の幅があっても許されます。

・前号に規定する費用の分担に関する事項

建替え参加者がどのような割合で、建替えにかかる費用総額を分担するかを定めるもので、費用分担の決定方法または基準を明示します。費用分担の基準は、再建建物については取得する専有面積の割合に比例し、取壊し費用については、現在の建物と敷地の権利の価格を考慮して決めるのが普通です。

・再建建物の帰属に関する事項

建替え後の建物の、どの部分をだれが取得するのか、対価の清算をどのように行うかなどの決定方法や基準を示します。また、建替えによって新たに分譲等ができる住戸（保留床）が生まれる場合には、だれが取得するのか（たとえば事業協力者であるデベロッパー）も示します。

②その他の事項

・建替えを必要とする理由

総会を招集する理事会等が、建替えが必要だと考えた理由を、できるだけ具体的な事実に基づいて示す必要があります。単に「建物が老朽化」したということではなく、改修・再生か建替えかを判定した基準、たとえば、建物が危険な状態にある、住戸が狭すぎる、エレベーターがない、というように詳しく示す必要があります。また、建替えをすることのメリットも具体的に示すことが必要です。

・建替えをしない場合に、修繕・改修により建物の効用の維持または回復（建物が通常有すべき効用の確保を含む）をするのに必要な費用の額およびその内訳

建替えをしないで、現在の建物を修繕や改修することで維持する場合に必要な費用の額とその内訳を記載します。

・建物の修繕に関する計画が定められているときは、当該計画の内容

管理組合が長期修繕計画を定めている場合は、その内容を示します。ただし、耐震基準を満たしていない、5階建てなのにエレベーターがないなど、「建物が通常有すべき効用」が確保されていない場合には、こうした工事に必要な費用も含まれます。たとえば、20年程度

先のことも想定して、安全かつ大きな不自由のないマンション生活ができる状態にすることを考えて、そのために必要な金額を算出することが考えられます。

・建物につき修繕積立金として積み立てられている金額

修繕積立金の積立額を示します。

5 アンケートなどの実施

建替えに向けて区分所有者の合意形成を図るためには、事業の節目節目ごとに行うアンケートが重要な役割を果たします。とくに、建替決議案を策定する前には、区分所有者のさまざまな意向を具体的に把握する必要があります。この場合、建物の外観、高さ、敷地利用のあり方、共用空間・共用施設などのマンション全体の計画に関するものと、個々の住戸の位置、広さ、間取り、仕様、自己資金や借入による負担可能額など、個々の世帯に直接関係するものとに分けてアンケートをつくることが大切です。

また、アンケートは幅広く全体的な意向を把握する場合には適していますが、プライバシーに関わる項目や具体的な意向についての「本音」を把握する場合には、直接区分所有者に会って話を聞く方が適切な場合が多いことはいうまでもありません。この際、第三者であるコンサルタントなどに依頼して、話を聞くことも有効です。

アンケートや話を聞く際に忘れてはならないことは、事業性を踏まえて建替決議案を策定することになりますから、全員の意見や要望をすべて反映できるとは限らないことです。意見や要望を聞くときには、各区分所有者が絶対に譲れないと考えている点、ある部分までなら譲ってもよいと思っている点などを整理して把握することも重要です（→42ページ）。

6 行政との相談

建替え円滑化法による事業は、建替組合の定款（個人施行の場合は規準・規約）、事業計画、権利変換計画、新マンションの管理規約等について都道府県知事（政令市市長）の認可が必要です。

また、建替え円滑化法の施行にあわせて、国土交通大臣が「マンション建替えの円滑化等に関する基本的な方針」（以下「基本方針」）を定め、国および地方公共団体が取り組むべき事項を定めています。地方公共団体（各自治体）では、これにもとづく体制を整え管理組合、区分所有者、居住者等からの相談に応じるようにしています。

上作延第三住宅の場合は、管理組合や建替組合の熱心な取組み姿勢と、川崎市役所の誠実な対応が呼応して、神奈川県で初めての円滑化法による建替事業を成功に導いたことはすでに述べたとおりです。

建替えを検討するときには、早めに地元市区町村に相談をし、どのような支援を受けられるか確認しておくことが、事業を成功に導く重要なポイントになります。

補助金としては、一定の要件を満たせば優良建築物等整備事業等の国の補助制度を利用することができます。制度を利用したいときは、地元市区町村で、適用の可能性や独自の要件の有無などをあらかじめ確認する必要があります。

※優良建築物等整備事業（マンション建替えタイプ）制度

市街地の環境改善、市街地における未利用地を活用した良好な市街地住宅の供給等に資するため、土地の利用の高度化等に寄与する優良建築物等の整備を行う事業について、調査設計計画費や土地整備費、共同施設整備について国と市区町村が補助（要綱補助）を行う制度です。地元市区町村の協力がなければ国からの補助を受けることができません。各市町村で独自の基準を設けている場合もありますから、申請する前に、地元市区町村と協議を行う必要があります。

7 周囲の理解を求める

デベロッパーがマンションを建設するときには、周辺の住民等から反対をされることがあります。建替えの場合は、もともと住んでいた地域住民が行う事業ですから、よそ者であるデベロッパーが単独で行う事業とは事情が違いますが、反対とまではいかなくても近隣の人から要望や注文が出る可能性があります。計画のどの段階で具体的な相談をするかは、個別のケースによって違いますが、建替えを検討していることは早い段階で話をして理解を得ておくことが望ましいでしょう。

とくに建替えにより建物が高層化・大型化したり、生活環境に影響が出ることが予想されるときには、建替えの理由を丁寧に説明することが必要です。自治体の対応なども、周囲の住民の理解の有無によって違いが出ることがありますから、誠意ある態度で臨むようにしたいものです。

また、建替えをするときには、周辺の居住環境の向上に寄与するような配慮も必要です。新しいマンションの敷地を緑化することや、地域の防災倉庫を設けるようなことも考えられます。

一般にマンションの居住者は周辺の人たちとの交流が希薄で、町内会等との関係も希薄なことが多いようですが、これでは理解も得にくくなります。日ごろのお付き合いが深ければ、建替えに対する支持や理解も得やすくなるはずです。

8 建替え決議のための管理組合総会

①総会の招集

建替え決議をする管理組合総会を開催するときは、開催日の2ヵ月前までに各区分所有者に招集を通知する必要があります。一般の議案を審議するための管理組合総会は、少なくとも1週間前までに招集通知を出すことになっていますが、建替え決議はとくに重要な議題であるため、総会の招集から開催まで十分な期間をとることが求められています。

総会で建替え決議案の審議を求めるための招集通知には、総会の日時、場所、会議の目的だけでなく、(1)議案の要領と、(2)その他事項（議案に対する賛否を判断するために必要な事項）

を記載しなければなりません。

この2ヵ月前という期間は、管理規約で延長することはできますが、短縮することはできません。総会を招集する前には、だれが区分所有者かを調査し確定することや、議決権数を確認することも必要です。

建替え決議のための総会招集の通知は、後々のトラブルを避けるためにもマンション内に居住している区分所有者に対しても、配達記録郵便などを使い確実に届くようにする配慮が必要です。

②総会の前に説明会を開催する

建替え決議を審議する総会の開催日の1ヵ月前までに、招集通知に記載された議案の要領と、議案に対する賛否を判断するために必要な事項を説明する説明会を開催しなければなりません。

この説明会の場で、議案の要領などをわかりやすく具体的に説明をし、区分所有者が決議の内容を十分理解したうえで、総会の場で適切な意思表示ができるようにすることは、総会を円滑に行うためにもとくに重要です。

また、建替えの合理性を検討するために、建替えをする場合と、修繕・改修をする場合について、それぞれの工事費、効果、メンテナンス費等を区分所有者が適切に比較できるようにすることも重要です。

この説明会は、一般の総会開催と同様に1週間前までに招集通知すればよいことになっていますが、できるだけ多くの区分所有者が参加できるように、前記の建替え決議を審議する総会を招集通知するときに、合わせて通知をするようにした方が良いでしょう。

説明会は法律では1回だけ開催すれば良いことになっていますが、区分所有者が建替え決議の内容について十分理解するまで、必要に応じて何回か開催するようにした方が良いでしょう。

③建替決議には5分の4の賛成が必要

マンションの将来を決めるだけに、建替え決議をする総会の運営や議事進行は法令や規約に違反しないように慎重に行う必要があります。

・建替え決議の成立には、区分所有者数および議決権数の各5分の4以上の賛成が必要です。専有部分を夫婦などで共有しているときは、議決権を行使する者を1名定めなければなりません。共有者全員の意思の統一ができなければ、建替え決議に賛成の意思表示はできませんから、総会までに共有者の間で十分な話し合いを行い、意向を統一しておくようにします。

また、1人の区分所有者が複数の住戸（専有部分）を所有している場合には、区分所有者数は1ですが、議決権数は所有している住戸の議決権割合の合計になります。

・総会で建替え決議を採決するときは、賛成の区分所有者数と議決権割合が、それぞれ5分の4以上あるかを集計し、決議が成立したことを議事録に明示しなければなりません。

また、建替え決議を採決した総会の議事録には、採決に参加した各区分所有者の賛否を記録する必要もあります。これは、後記するように、建替え決議に賛成しなかった区分所有者に対して、建替えに参加するかどうかを回答するように催告したり、区分所有権の売渡し請求等を行うため、賛成者と非賛成者を区別する必要があるからです。こうしたことから、建替え決議の採決は挙手による採決ではなく投票用紙を使って行うようにします。

・総会では、各区分所有者が、いろいろな意見を述べることはできますが、採決はあらかじめ提案されている議案についてだけしか行うことができません。したがって総会の場で修正案を提出しても採決の対象にはなりません。また、建替え決議について部分的な賛成、条件付きの賛成という意思表示をしても、賛成しない者とみなされることになっています。

9 建替え決議が成立した後の手続き

①建替えに参加するか否かの意志確認（催告）

建替え決議が成立したら、総会招集者である管理組合理事長は、遅滞なく、建替え決議に賛成しなかった区分所有者に対して、決議の内容で行われる建替えに参加するか否かの回答を催告しなければなりません。この催告も、配達記録郵便か内容証明郵便で行うのが普通です。

催告を受けた者は、その日から2ヵ月以内に、管理組合理事長（総会招集者）に、参加するか否かの回答をしなければなりません。この催告は、建替えに参加する人と、参加しない人を確定するための手続きで、回答までの2ヵ月間は、大多数の区分所有者が賛成した建替え決議について、賛成しなかった区分所有者が再考するための期間でもあります。総会の場で反対をした区分所有者でも、建替えに参加することになれば、その旨を回答すればよいわけです。
回答は、口頭あるいは書面のどちらでも可能ですが、期間内に回答しなかった人は、建替えに参加しないという回答をしたものとみなされます。

②非賛成者への売渡し請求

前記の意思確認（催告）と回答によって、建替え参加者と不参加者が確定します。これを受けて、建替え参加者および買受指定者[★24]は、建替え不参加者に対して、その区分所有権と敷地利用権を時価[★25]で売り渡すように請求できることになります。

売渡し請求権は「形成権」といって、売渡し請求が相手方に届いた時点で売買契約が成立し、区分所有権と敷地利用権が売渡し請求をした者に移転する強制力のある仕組みです。

売渡し請求ができる期間は、催告に対する回答期限の翌日から2ヵ月以内です。

なお、売渡し請求を受けた者が、明渡しにより、その生活に著しい困難が生じるおそれがあり、しかも建替え決議の遂行に甚だしい影響をおよぼさないと認められる顕著な理由がある場合には、1年を超えない範囲で建物の明渡しを延期するように裁判所に請求することができます。

催告と売渡し請求の手続きを経ることによって、非賛成者は管理組合から離脱します。この結果、区分所有者の全員が建替えに合意したことになり、総会の決議にもとづいて建替えを行うための基本的な条件が整うことになります。

この段階までが、区分所有法にもとづく建替え決議等の手続きです。この後は、マンション建替え円滑化法による建替事業か、等価交換等による事業を行うことになります。

★24
買受指定者というのは、建替え参加者の全員の合意により選任され、管理組合や区分所有者に代わって、建替えに参加しない人の区分所有権と敷地利用権を買い受ける者のこと。デベロッパーなどの事業協力者が買受指定者となるのが普通。

★25
売渡し請求をした場合の買取り価格である「時価」は、建替えが必要な状態にあるマンションの価格ではなく、建替えによって実現される利益を考慮した価格だと考えられている。たとえば、建替え後のマンションの価格と、建て替えるためにかかる費用との差額などを考慮して決められる。

管理組合総会から、建替えの合意まで

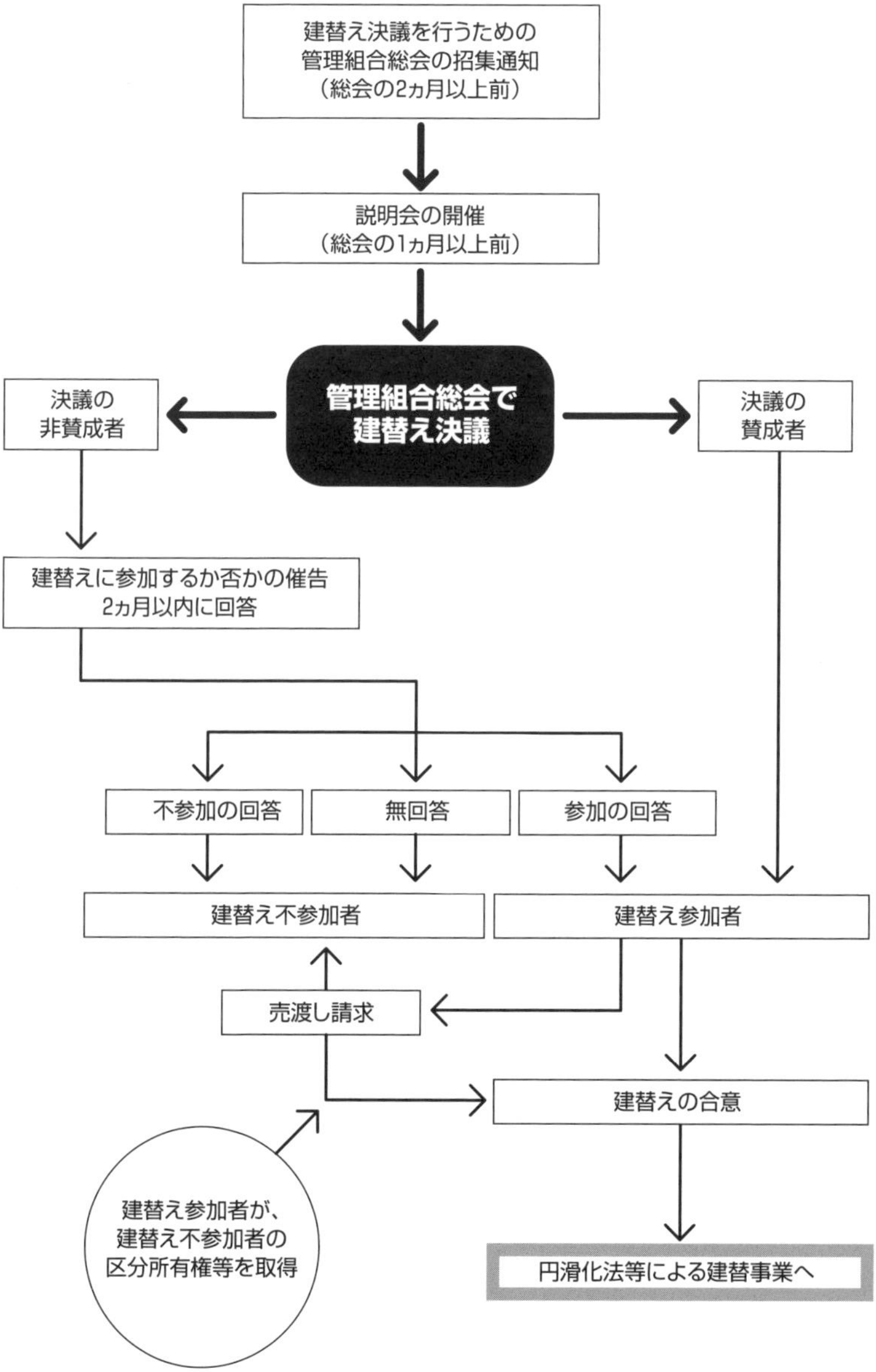
建替え決議を行うための
管理組合総会の招集通知
（総会の2ヵ月以上前）
説明会の開催
（総会の1ヵ月以上前）
管理組合総会で
建替え決議
決議の
非賛成者
決議の
賛成者
建替えに参加するか否かの催告
2ヵ月以内に回答
不参加の回答
無回答
参加の回答
建替え不参加者
建替え参加者
売渡し請求
建替えの合意
建替え参加者が、
建替え不参加者の
区分所有権等を取得
円滑化法等による建替事業へ

第5章 建替組合による事業の進め方

マンション建替え円滑化法は、区分所有法にもとづいて建替え決議をし、売渡し請求までの手続きを終えた区分所有者（管理組合）が、それ以後の実際に古いマンションを取り壊して、新しいマンションを建設し、入居するまでの建替事業をスムーズに行うための法律です。具体的には、法人格を持ったマンション建替組合を設立し、古いマンションから新しいマンションへの権利の移行を、権利変換という法的手続きによって行うことができます。

円滑化法はマンション建替事業の主体つまり施行者について、建替組合のほかに個人施行者を設けています。以下では建替組合による事業の進め方について説明します。

管理組合総会で建替え決議が行われ、非賛成者への催告と売渡し請求が行われた後、建替組合による事業はおもに次の5つの段階で行われます。

- 建替組合の設立
- 権利変換
- 建替工事の実施
- 再入居・新管理組合の設立
- 建替組合の解散と清算

1 建替組合の設立

建替え円滑化法にもとづいて建替組合施行による事業を行うためには、まず都道府県知事等に、建替組合の設立認可の申請を行う必要があります。これは、建替え決議に賛成し、建替えに合意した区分所有者の5人以上が設立発起人となって、「定款」および「事業計画」を定めて、都道府県知事等に建替組合設立認可の申請をすることになります。建替組合の設立が認可されると、建替えに参加する区分所有者の全員および参加組合員（デベロッパーなど事業協力者を選定）が建替組合の構成員となります。建替組合を運営するためには、組合員名簿の作成、建替組合の理事長や役員の選任・届け出などの組織づくりを行い、審査委員3人以上を選任することも必要です。

①定款と事業計画の作成

建替組合の設立の認可申請に先立ち、「定款」を定め「事業計画」を作成する必要があります。定款には、次表の事項を記載することが法律上必要とされ、組合の名称の中には「マンション建替組合」という言葉を用いなければなりません。また、事業計画は管理組合総会で行った建替え決議の内容にあったものでなければなりません。

すでに繰り返し説明をしたように、建替え決議案を検討する段階で、実質的には建替組合の定款や事業計画について検討をすることになります。なお、定款と事業計画を変更しようとするときにも、都道府県知事等の認可が必要です。

建替組合の定款に記載する事項

1　組合の名称
2　施行マンションの名称およびその所在地
3　マンション建替事業の範囲……組合が行う事業の内容
4　事務所の所在地
5　参加組合員に関する事項……参加組合員に与えられる保留床等の概要、負担金の概算額等
6　事業に要する経費の分担に関する事項
7　役員の定数、任期、職務の分担並びに選挙および選任の方法に関する事項
8　総会に関する事項
9　総代会を設けるときは、総代および総代会に関する事項
10　事業年度
11　公告の方法
12　審査委員に関する事項、会計に関する事項

②建替え参加者の4分の3以上の同意

建替え合意者の5人以上が発起人となって建替組合設立の認可申請をするためには、定款および事業計画について、建替え合意者とその議決権の各4分の3以上の多数の同意が必要

になります。

こうしたことから、管理組合総会で建替え決議をするまでに、建替え円滑化法にもとづく建替組合の設立の意義や役割が、建替えに参加する区分所有者全員に十分に理解され、建替組合設立への同意が得られるようにしておく必要もあります。

③事業計画の審査と縦覧

都道府県知事等は、建替組合の設立認可申請があったときには、認可の基準に適合しているかどうか申請書類を審査し、基準にあっていると認めた場合は、マンションの所在地の市町村長が事業計画を2週間、一般に公開する（公衆の縦覧に供する）ことになっています。

市町村長が事業計画を公衆に縦覧するときは、あらかじめ「縦覧の開始日」と「場所および時間」が公告されます。

④事業計画に対する意見書

建て替えるマンションまたはその敷地に権利を持つ者が、縦覧された事業計画に意見があるときは、2週間の事業計画の縦覧期間が終わった日の翌日から2週間が経過する日までに、都道府県知事等に意見書を提出することができます。

意見書の提出があったときは、都道府県知事等はその内容を審査し、その意見書の意見が妥当だと判断するときは、事業計画に必要な修正を加えることを建替組合の設立認可を申請した者に命じることができます。また、意見書の意見を採りあげるべきでないと判断したときは、その旨を意見書を提出した者に通知することになっています。

建替組合の設立認可を申請した者が、都道府県知事の修正命令にもとづき事業計画に修正を加え、その旨を都道府県知事に申告したときは、その修正した部分について事業計画の策定と同様の手続きをすることになります。

2 建替組合の組合員と運営

建替組合の組合員となるのはマンションの建替え合意者および参加組合員です。

①建替え合意者

建替組合の設立が認可されると、マンションの建替え合意者は、組合設立への賛否にかかわらず全員が建替組合の組合員になります。また、建替組合の設立後に、組合員が自分の区分所有権または敷地利用権の全部または一部を譲渡した場合には、組合員の権利・義務（たとえば、役員の選挙権、総会における議決権等の権利、賦課金の支払い義務等）は、譲渡を受けた新たな組合員にそのまま移転することになります。

マンションの1つの専有部分を数人で共有しているときは、管理組合の場合と同様に数人の共有者は1人の組合員とみなされます。

②参加組合員

マンション建替事業を行うためには、区分所有者の強い意志とともに、これを支える多額の事業費や専門的な知識・経験が必要になります。このため建替え円滑化法は、区分所有者ではないデベロッパー等が「参加組合員」として外部から建替組合に参加し、資金力、建替えのノウハウ、人材を提供して、建替事業を進める仕組みを設けています。

建替組合設立の認可申請には、組合の「定款」等を作成することが必要ですが、この定款には「参加組合員」の名称、参加組合員が取得することになる新しいマンションの区分所有権および敷地利用権の概要、負担金の概算額等について定めることになっています。

このため法律上の手続きには定められていませんが、実際には、管理組合総会で建替え決議をする段階で、「参加組合員」となる予定のデベロッパー等を明確にしておかなければなりません。

上作延第三住宅の場合は、第1部で詳しく述べたような経緯があったため、管理組合総会で建替え決議をした時点ではX社を参加組合員候補としていましたが、後にD社が参加組合員として選定され、川崎市長の認可を得て定款も変更しました。

③審査委員

建替組合は総会で審査委員3人以上を選任する必要があります。審査委員は、専門的中立的立場の第三者で構成する機関です。組合が権利変換計画を定めたり、新しいマンションにおける区分所有者（賃貸人）と賃借人の借家条件の協議がまとまらない場合の裁定を行ったりするときには、審査委員の過半数の同意が必要となります。

審査委員は「土地および建物の権利関係または評価について特別の知識経験を有し、かつ、公平な判断をすることができる者」のうちから選ぶことになります。具体的には、建築、まちづくり、権利調整等の知識・技術・経験のある一級建築士、不動産鑑定士、弁護士、土地家屋調査士、司法書士等の専門家から選任されることが多いようです。

④建替組合の運営費

建替組合は古いマンションを解体し、新しいマンションを建設する事業ですから、事業の運営には資金が必要になります。建替事業に必要な経費として組合員から徴収するのが賦課金[★26]、参加組合員から徴収するのが分担金[★27]で、その金額等は総会で決めることになります。また、参加組合員に譲渡する保留床の対価は負担金[★28]といいます。

⑤組合員名簿の作成

建替組合設立の認可の公告があったら、組合員の氏名および住所（法人の場合は、その名称および主たる事務所の所在地）、建替え合意者である組合員か参加組合員の別等の事項を記載した組合員名簿を直ちに作成する必要があります。

⑥建替組合の役員と総会の開催

建替組合の役員は、理事長1人、理事3人以上、監事2人以上です。理事と監事は、組合員（法人の場合は、その役員）のうちから総会の選挙で選出します。理事長は理事の互選で選任します。理事と監事の任期は3年以内で、補欠の理事と監事の任期は前任者の残任期間となります。理事長の任期については特別な定めがありません。建替組合は、理事長の氏名および住所を、都道府県知事に届け出なければなりません。交代をしたときも同様です。理事

★26 建替組合は、事業に必要な経費に充てるため、参加組合員以外の組合員から賦課金を徴収することができる。この場合、賦課金の割合は、組合員が所有し、建て替えるマンションの専有部分の位置、床面積等を考慮して公平に定める必要があり、実際には、管理費の金額等を参考にしながら決めることが考えられる。

★27 建替え合意者である組合員が負担する賦課金と同じように、参加組合員は建替組合の経費に充てるための分担金を建替組合に納付しなければならない。

長は、毎事業年度ごとに1回通常総会を招集する必要があり、そのほか、必要があればいつでも臨時総会を招集することができます。また、組合員が総組合員の5分の1以上の同意を得て、会議の目的である事項や招集理由を記載した書面を組合に提示して集会の招集を請求したときは、理事長はその請求日から20日以内に臨時総会を招集する必要があります。

★28
参加組合員は、建替え後の新しいマンションで取得する区分所有権および敷地利用権の価額に相当する金額を負担金として建替組合に納付しなければならない。参加組合員が建替組合に納める負担金の納付期限、分割して納付する場合には分割の回数などの負担金に関する事項は定款に定める。建替組合と参加組合員は協定や契約を結び、負担金や清算等を詳しく定める必要がある。

⑦管理組合の解散と修繕積立金等の清算

建替組合が設立され、売渡し請求によって建替えに参加しない者が離脱し、すべての区分所有権および敷地利用権が建替え参加者に帰属した時点で、建物の存続を前提として、建物の維持管理のために設立された管理組合は法律上消滅します。また、その消滅によって、管理費や修繕積立金はその目的を失いますから、残額等を清算することになります。

管理組合を解散するときは、管理費・修繕積立金の残額の清算やその他の共有財産の処分を決めるための解散総会を開催しますが、その時期は建物の取壊しとも関係しますから、建替え決議を行うときに、解散総会の開催時期についても確認しておいた方が良いでしょう。

修繕積立金を清算する場合、その分配の方法が問題になります。国土交通省の「マンション建替えにむけた合意形成に関するマニュアル」は建替え決議をした時点での区分所有者全員を対象と考えることが適当だとしています。

配分割合は各住戸の修繕積立金の負担割合に応じて定められますが、建替えの検討のために支出した費用は、建替えに参加する者が負担することが妥当でしょう。なお、前記のマニュアルは従前の区分所有者の全員が建替えに参加する場合などは、全員の合意があれば、修繕積立金の残額を建替組合に引き継ぐこともありうるとしています。

建替組合設立から権利変換まで

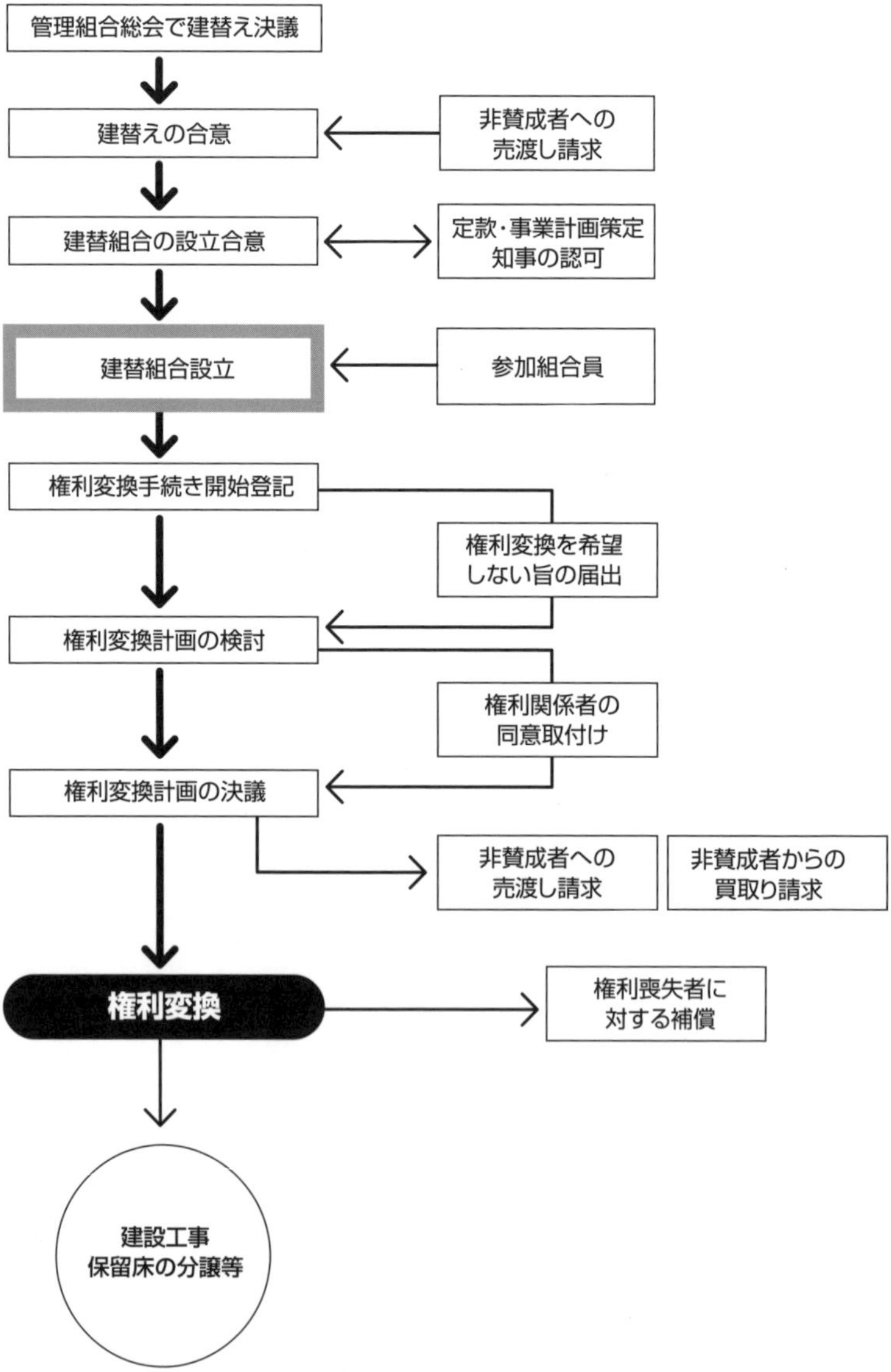
管理組合総会で建替え決議
建替えの合意
非賛成者への売渡し請求
建替組合の設立合意
定款・事業計画策定
知事の認可
建替組合設立
参加組合員
権利変換手続き開始登記
権利変換を希望しない旨の届出
権利変換計画の検討
権利関係者の同意取付け
権利変換計画の決議
非賛成者への売渡し請求
非賛成者からの買取り請求
権利変換
権利喪失者に対する補償
建設工事
保留床の分譲等

⑧取壊しまでの暫定期間の管理

建替組合が設立されても、実際に建物が取り壊されるまでの間は、建替え参加者などが引き続き居住することがあります。この間は一定の管理が必要になります。修繕積立金は必要ありませんが、エレベーターのメンテナンスや共用部分の電気代等に使う管理費は必要です。管理費については、これまでの管理規約にもとづいて納める必要がありますが、すでに退去している区分所有者もいるでしょうし、管理内容も必要最低限のものになるでしょうから、実費相当分を居住者が負担することになると思われます。

なお、建替え決議から着工までの間に、不法占拠などが生じて事業実施に支障が出ないように、マンションとその敷地を適正に管理する必要があります。

3 権利変換

権利変換というのは、建て替えるマンションの敷地利用権と建物の区分所有権などを、一定の期日に新しいマンションの敷地利用権と建物の区分所有権に一斉に移行させるための法的な仕組みです。権利変換の内容を定めた計画（権利変換計画）には、建て替えるマンションの敷地利用権や建物の区分所有権に設定されていた抵当権などの権利も記載されます。権利変換計画を都道府県知事が認可し、建替組合が関係者に通知すると、従前の権利は自動的に新しいマンションに移行します。

①建替え不参加者への売渡し請求と権利変換計画の策定

売渡し請求などの手続きを経て、建て替えるマンションの区分所有権等を建替事業の参加者がすべて保有すると、建替組合は権利変換手続きをし、権利変換計画を作成することになります。権利変換計画とは、従前のマンションの区分所有者や借家人、抵当権等の権利が、建替え後の新マンションにどのように移行するのか、その権利関係を定めた計画のことです。

②建替組合による売渡し請求

区分所有法の規定による売渡し請求権は、建替え参加者が個人、または建替え参加者全員の合意により選任された者（買受指定者）が行使することができますが、円滑化法により建替組合もこの売渡し請求を行使することができます。

建替組合が売渡し請求をすることになれば、建替え参加者個人が買受け費用を準備する必要もなく、限られた期間内に全員合意で買受指定者を選定するという作業も必要なくなります。区分所有法にもとづく売渡し請求に比べて手続きが非常に簡素化され、建替組合による事業の大きなメリットと考えられます。

建替組合による売渡し請求は、原則として建替組合の設立認可の公告の日から2ヵ月以内に実施する必要があります。

③権利変換手続きの開始

建替組合が権利変換手続きをはじめるにあたり、建て替えるマンションの区分所有権や敷地利用権等の権利について権利変換手続きを開始するという登記を行います。この登記をした後は、建替組合の承認がない限り、区分所有権等の売買ができなくなります。

④権利変換を希望しない場合

建替えに参加する意思を表明していても、その後、建替えに参加しないことにした人がいるかも知れません。この場合は、建替組合の設立認可の公告から30日以内に権利変換を希望しないことを申し出て、権利に相当する補償金を受け取ることができます。

建替え前のマンションに居住していた借家人は、賃貸人である区分所有者が建替えに参加しない場合でも、建替え後の新しいマンションの借家人となることができますが、借家権を取得する代わりに、補償金を受け取って転出することを申し出ることができます。

⑤新しいマンションの設計と権利変換計画

権利変換計画は、関係者の間に不公平が生じないようにしなければなりません。このため建替え決議に示した設計の概要や建替組合設立時に作成した事業計画等をもとに、新しいマンションの各階の住戸配置図や各専有部分の面積などを確認できる「施行再建マンションの配置設計」を作成します。

⑥区分所有権または敷地利用権等の評価額

従前のマンション（施行マンション）の評価額は、建替組合設立の認可の公告から30日経過した日を基準に、近くにある同じような土地や建物の取引価格等を考慮して決めるとされています。また、新しいマンションの評価額も、建替組合設立の認可の公告から30日経過した日を基準に、マンション建替事業にかかる費用と近くにある同じようなマンションの取引価格等を考慮して決めるとされています。

⑦住戸の位置決め

権利変換計画を定めるうえで問題となりやすいのは、建替え後の新マンションの住戸の位置を決めることです。管理組合で建替え決議を行うときにも概要を決めることになっていますが、権利変換計画をつくる段階でも各区分所有者の要望にできるだけ沿うように配慮し、公平な手続きで決める必要があります。

⑧審査委員の同意

権利変換計画を定める場合は、建替組合の総会で選んだ審査委員の過半数の同意を得る必要があります。

⑨権利変換計画の決定

権利変換計画は、建替組合の総会で組合員の議決権および持分割合の各5分の4以上の多数で決めることになります。全員合意がなくても反対者が5分の1未満であれば決めることができますが、権利変換計画を作成するときに、全員の要望をできるだけ反映した計画を作成する努力が必要です。

それでも、建替え後の新マンションの住戸位置等が不満なため、権利変換計画案に賛成できない組合員が出てくるかもしれません。このため、建替え円滑化法では、権利変換計画の議決に賛成しなかった組合員に対し、議決があった日から2ヵ月以内に、その区分所有権および敷地利用権を時価で売り渡すことを請求することができることにしています。

また、議決に賛成しなかった組合員から建替組合に対し、議決があった日から2カ月以内に、区分所有権および敷地利用権を時価で買い取ることを請求することもできるようになっています。権利変換計画の議決に賛成しなかった組合員が取得することになっていた権利は、参加組合員が取得するのが普通です。

これらの売渡し請求の場合も買取り請求の場合も、その金額は「時価」とされ、建替え決議に合意しなかった者に対する売渡し請求の場合と同じような方法で算定します。

⑩建替組合員以外の権利者の同意

住宅ローンの抵当権者や借家権者など建替組合員以外の、従前のマンションの権利関係者からも権利変換計画について、全員の同意を得る必要があります。このため建替え決議をする前の計画段階のときから、抵当権者や借家権者との交渉をはじめておけば、同意を得やすくなります。

⑪権利変換計画の認可

関係者の同意を得て権利変換計画が確定すると、都道府県知事等に認可申請を行います。権利変換計画が認可されると、権利変換期日において、区分所有権および敷地利用権その他の関係権利が一斉に権利変換計画に定められた権利者に帰属することになります。

⑫権利変換期日における権利変換

旧マンションの敷地利用権は、権利変換期日に権利変換計画によって、新マンションの敷地利用権を持つ者が取得します。また、旧マンションの区分所有権は、権利変換期日にすべて建替組合に帰属し、建築工事の完了を公告する日に、権利変換計画にもとづいて新マンションの区分所有権者が取得します。

旧マンションで借家権を持っていた者も、建築工事の完了を公告する日に、権利変換計画にもとづいて新マンションでの借家権を取得することになります。

旧マンションにあった住宅ローンの担保権等は、権利変換期日以後は、新マンションが完成していなくとも、権利変換計画にもとづいて、新マンションの区分所有権等の上にあるものとされ、工事期間中も担保権者の権利が保護されます。

⑬転出者に対する補償

権利変換期日に従前のマンションに関する権利を失う者に対しては、組合は権利変換期日までに補償金を支払わなければなりません。

権利変換の概念

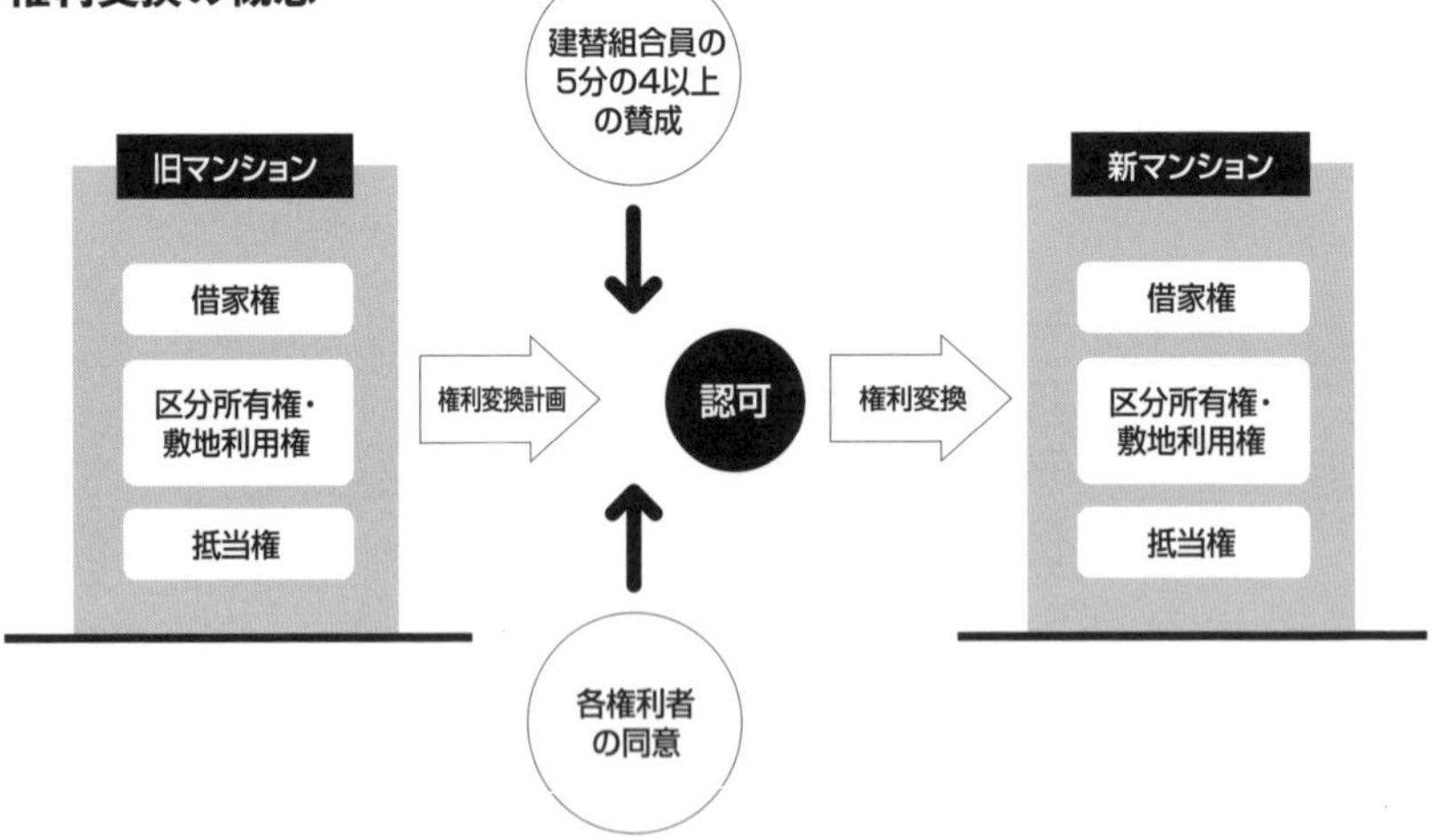

4 工事の実施

権利変換計画が決定し、最終的な建替え参加者が確定すると、住戸の個別設計などの最終調整を行って、実施設計が確定します。この作業と並行して建築確認申請なども行います。

新マンションの建物・設備等が確定したら、それにもとづいて建替組合と建設会社の間で工事請負契約を締結します。また、まだ居住している人に対して、住戸の明渡しを行うよう請求し、明渡しが完了すると、いよいよ旧マンションの解体と新マンションの建設工事が始まります。

・工事請負契約の締結

実施設計が確定すると、工事請負業者と建替工事の請負契約を締結します。従来は、建替え参加者全員が個別に業者と契約を締結しなければならないケースもありましたが、建替組合が法人格を持つことで、建替組合と工事請負業者との間の契約を結ぶことができます。

工事を請け負う建設会社の選定や工事金額の決定は、透明性の高い公正な方法で決めることがとくに重要です。工事請負業者との契約内容についても十分に確認し、工事監理を行う実施設計者の協力を得るなど、契約が適正に締結されるようにすることが必要です。

・住戸の明渡し

建替工事をする前に、居住を継続している人や荷物を置いている人に、住戸の明渡しを求

c o l u m n

住宅ローンを利用して親族が増床分を取得

増床（増し床）というのは、旧マンションの地権者（区分所有者）が権利変換によって無償で取得する専有床のほかに、床を有償で取得することです。地権者が建替組合と増床契約を結び、買い取ることになります。買取り資金として通常の住宅ローンを利用できない場合には、高齢者向け返済特例制度（→188ページ）も利用できます。しかし、地権者本人ではない子供などの親族が増床分を買い取るための制度は整っていません。

上作延第三住宅の場合、親族名義での増床の買取りを希望する地権者のために、建替組合とD社が専門家に相談をして解決策を考えだしました。地権者と組合が増床契約を結ぶとともに、持分の地位譲渡という形で地権者と親族等が増床分の売買契約を結ぶ方法です。増床分を取得した親族等は通常の返済方法で住宅ローンを利用することになります。将来、相続が発生したときには、高齢者特例返済制度を利用したときに比べ、スムーズに住宅を引き継ぐことができます。

める必要があります。権利変換期日において権利を失った従前の居住者は、建替組合が通知した明渡し期限までの間は、従来と同じように居住することができることになっていますが、明渡しの請求があった場合には、その期限までに住戸を明け渡す義務があります。

この明渡しの期限は、請求をした日の翌日から30日を経過した後でなければならないことになっていますから明渡し請求は工事のスケジュールに支障がないように、余裕をもって行う必要があります。

・新マンションの借家人

従前の賃貸借契約が解除されずに借家権者がいる場合は、建設工事中に、権利変換により新しいマンションの区分所有権を取得する者と、借家権を取得する者との間で借家条件の協議を行うことになります。工事完了の公告までに協議がととのわない場合には、審査員の過半数の同意を得て、建替組合が家賃等の裁定を行います。

・工事完了の公告と登記

建替え後の新マンションの建築工事が完了したときは、建替組合は速やかにその旨を公告し、新マンションに関し権利を取得する者に通知する必要があります。

また、新マンションに関する必要な登記を申請しなければなりません。新マンションに関する権利については、この登記がなされるまでの間は、他の登記をすることはできません。

・新マンションの区分所有権等の価額等の決定と清算

権利変換計画には、旧マンションの区分所有権・敷地利用権等の価額と新マンションの区分所有権または敷地利用権の価額の概算額が示されますが、実際にはマンション建替事業の工事が完了しなければ、工事費用を確定することができません。したがって、工事が完了したときは、速やかに、事業に要した費用の額を確定し、清算業務を行う必要があります。

区分所有者が取得した新しいマンションの区分所有権または敷地利用権の価額と、古いマンションの区分所有権または敷地利用権の価額が違うことがあります。たとえば増床をすれば新しいマンションの価額の方が当然大きくなりますから、区分所有者が負担する建替え費用として、差額を建替組合に支払い、清算することになります。また、取得した新しいマンションの価額が古いマンションの価額よりも小さければ、建替組合は差額を区分所有者に支払うことになります。

5 再入居・新管理組合の設立

新マンションが竣工し、工事完了後の登記や清算等の手続きがすべて終了すると、建替事業が完了します。工事期間中に仮住居等に移転していた参加者は、再入居を行い、新しいマンションでの生活がスタート、新たな管理組合が設立されます。

建替え参加者は、新管理組合設立までに、新しい管理規約や管理体制、管理組合費等の検討を行い、新マンションの管理がスムーズに開始されるようにしておく必要があります。

・管理規約等の作成

円滑化法では、施行者である建替組合が都道府県知事の認可を受け、新マンションや土地、付属施設についての管理規約を定めることができると規定しています。新しいマンションを良好に管理するために、マンション標準管理規約を参考に、新マンションの管理規約を作成する必要があります。デベロッパーが参加組合員となっている場合は、管理会社等の意見を聞きながら管理規約を作成することになります。

分譲する住戸を販売するときには管理規約案が決まっている必要がありますから、規約の作成は早めに行うことが重要です。管理規約の内容について、たとえば、ペットの飼育など問題となりそうなことは建替え計画の検討段階であらかじめ意見交換をしておきたいものです。また、建替え後の共同生活のイメージについても、建替え参加者の間で共有しておくとともに、住戸を購入して入居する新しい区分所有者のことも十分考慮することが必要です。

・新管理組合の設立

建替えによって誕生した新しいマンションでは、引渡しと同時に新しい管理組合が構成されます。この新管理組合は、建替え前のマンションの旧管理組合や建替組合とは法的な継続性はありません。新しい環境と新しく仲間となる区分所有者を含めて、新マンションのコミュニティを育て、適切な維持管理を目指すことになります。

6 建替組合の解散と清算

建替工事が完成し、新・旧のマンションの価額に差がある場合の清算等が行われると建替事業が完了し、建替組合を解散します。建替組合の解散は、都道府県知事の認可を受けなければならず、都道府県知事が組合解散の認可をしたときは公告されます。

また、建替組合が解散したときは、理事がその清算人になり財産処分の方法を定めて総会の承認を得ます。また、清算人は、清算事務が終わったら決算報告書を作成して都道府県知事の承認を得た後、組合員に報告しなければなりません。

7 管理組合から建替組合、そして再び管理組合へ

マンションの建替事業を施行するのは建替組合ですが、事業計画の原案を作成し総会で建替え決議をするのは管理組合です。旧マンションの管理組合は建替事業がはじまると消滅しますが、新マンションが完成すると新しい管理組合が成立し、建替組合は解散します。

この3つの組合つまり、①旧マンションの管理組合、②建替組合、③新マンションの管理組合は法律的には別々の団体で、相互に関係はないとされています。しかし、実際には、多くの区分所有者が3つの団体のメンバーとして、マンションの建替えとコミュニティの維持再生を担うことになります。建替え後の新しいマンションの管理組合には、新しくマンショ

ンを購入した人も組合員になりますから、単純に①と②の延長とはいえませんが、当初の管理規約は建替組合が作成します。

マンションの建替えを区分所有者の生活、コミュニティの持続という視点で考える場合には、３つの組合の活動を大きな一つの流れのなかに位置づけることがわかりやすく、自然な形です。また、建替え後の新しいマンションの管理組合運営やコミュニティ活動を、スムーズに始動するためには、これまで旧管理組合や建替組合を担ってきた人たちが大きな役割を果たすことになります。

管理組合も建替組合も担い手の負担が大きいだけに、一部の区分所有者に偏ると息が続かず、運営に弊害が出ることもあります。できるだけ多くの人が重荷を少しずつ担うようにすることも、建替えを成功させ、コミュニティを持続させる大切なポイントです。

管理組合から建替組合、そして再び管理組合へ

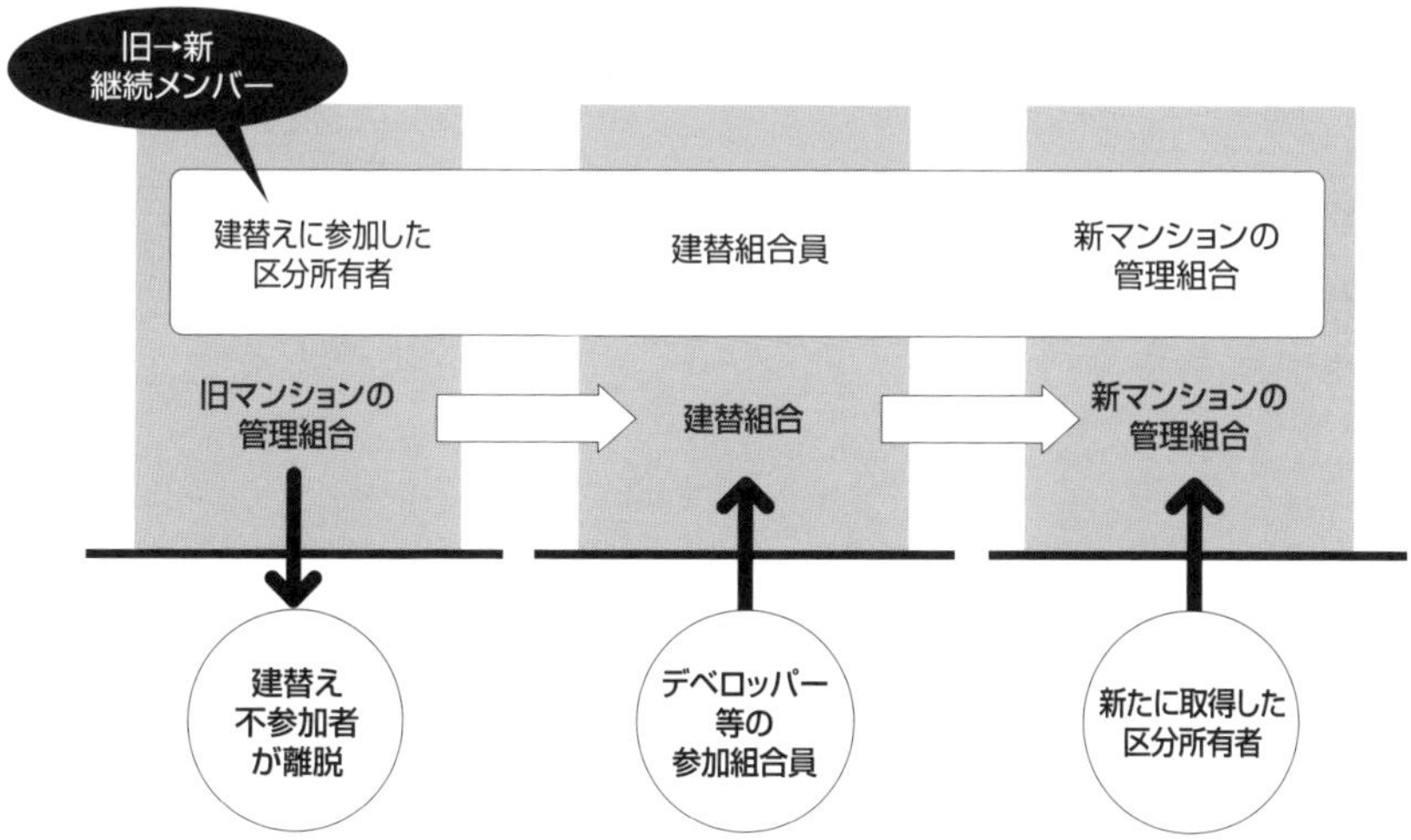

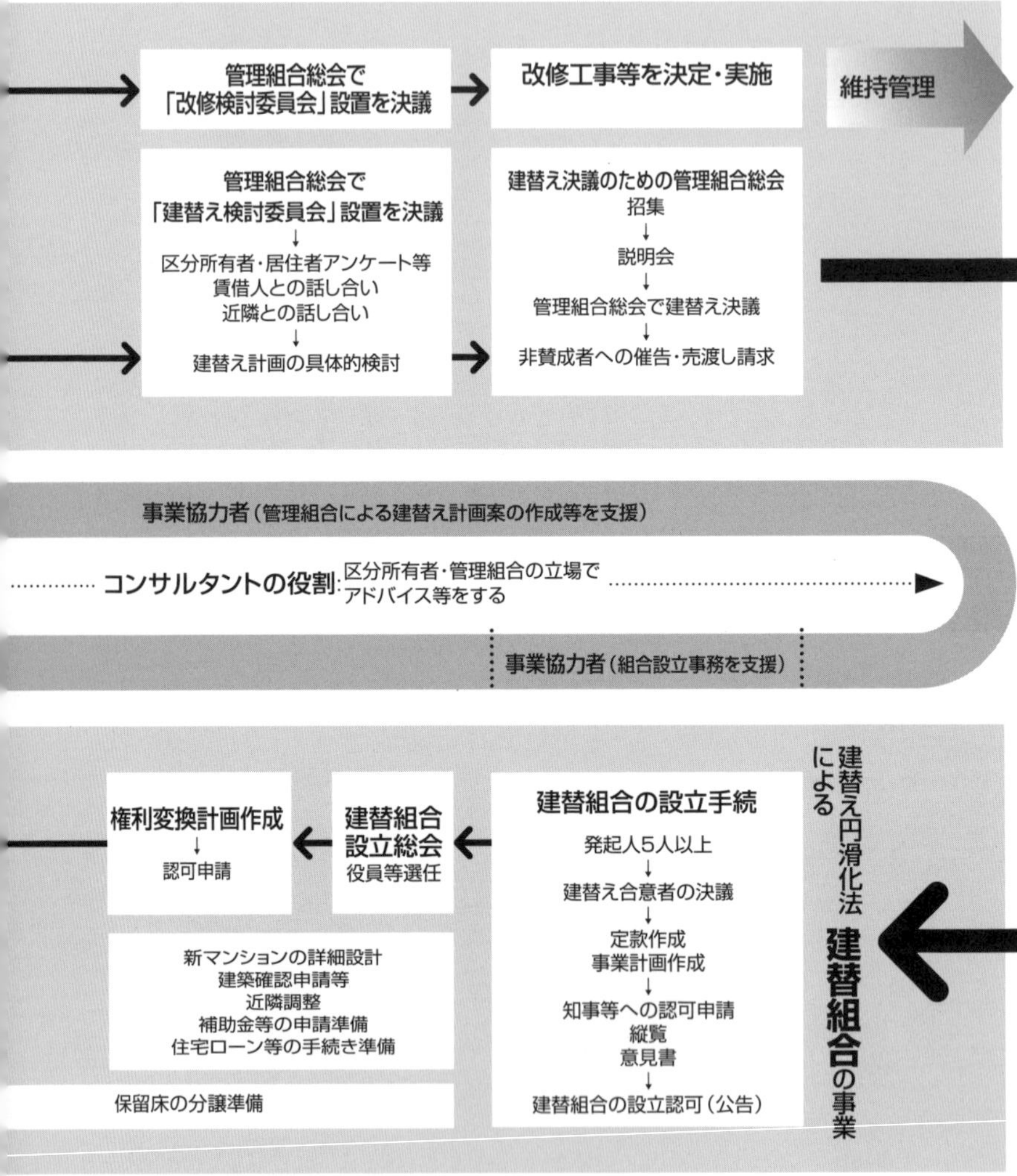
管理組合総会で
「改修検討委員会」設置を決議
改修工事等を決定・実施
維持管理
管理組合総会で
「建替え検討委員会」設置を決議
区分所有者・居住者アンケート等
賃借人との話し合い
近隣との話し合い
建替え計画の具体的検討
建替え決議のための管理組合総会
招集
説明会
管理組合総会で建替え決議
非賛成者への催告・売渡し請求
事業協力者（管理組合による建替え計画案の作成等を支援）
コンサルタントの役割：区分所有者・管理組合の立場で
アドバイス等をする
事業協力者（組合設立事務を支援）
建替え円滑化法による
建替組合の事業
建替組合の設立手続
発起人5人以上
建替え合意者の決議
定款作成
事業計画作成
知事等への認可申請
縦覧
意見書
建替組合の設立認可（公告）
建替組合
設立総会
役員等選任
権利変換計画作成
認可申請
新マンションの詳細設計
建築確認申請等
近隣調整
補助金等の申請準備
住宅ローン等の手続き準備
保留床の分譲準備

マンション建替事業の流れ

マンションの入居から、建替えによる新マンションへの入居まで（建替組合による事業の場合）

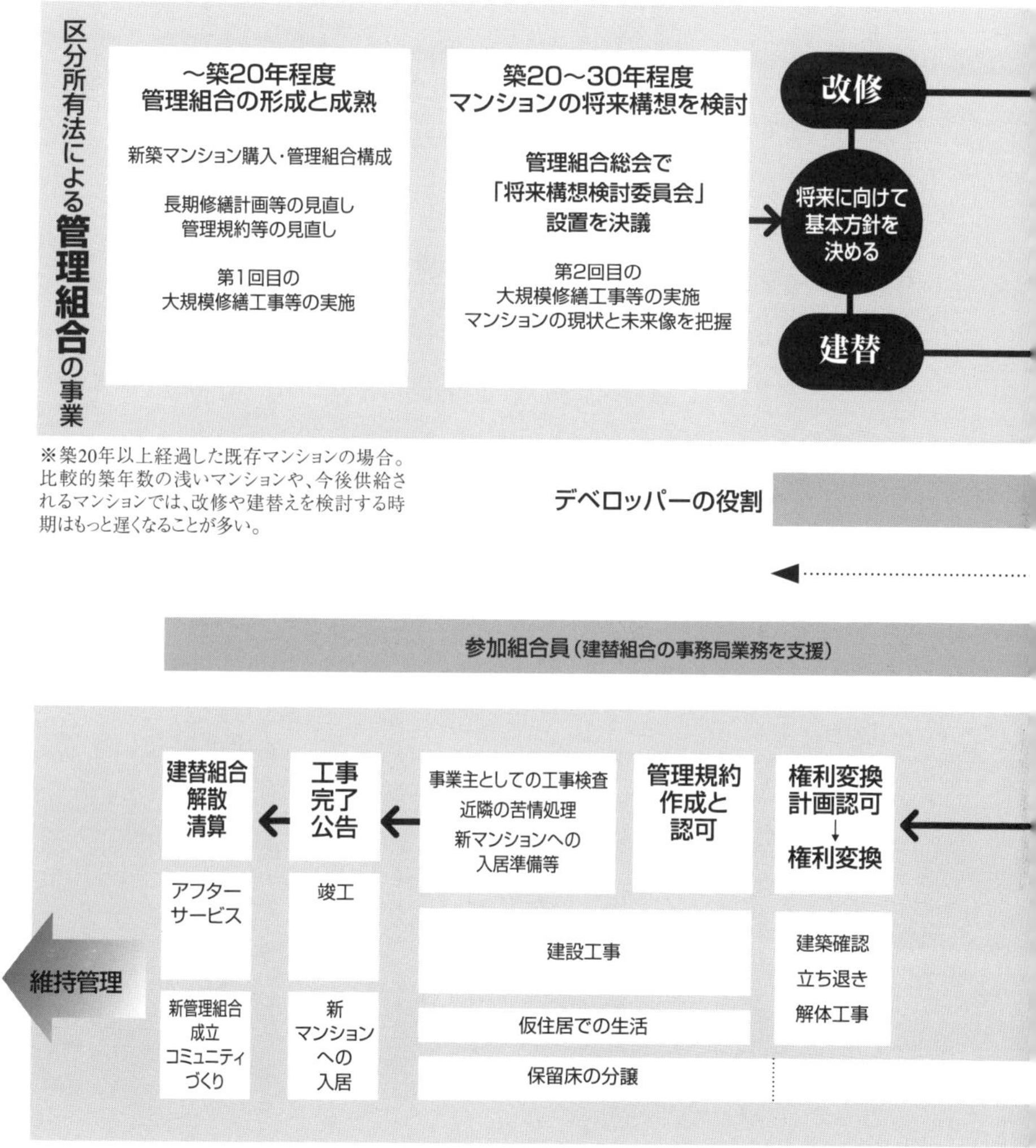

※築20年以上経過した既存マンションの場合。比較的築年数の浅いマンションや、今後供給されるマンションでは、改修や建替えを検討する時期はもっと遅くなることが多い。

監修者・著者紹介

監修者
丸山英氣（まるやま・えいき）
1939年、長野県松本市生まれ。早稲田大学大学院法学研究科修了。ドイツ・マインツ大学ベアマン教授の下で住居所有権法を研究。横浜市立大学助教授、千葉大学教授を経て中央大学法科大学院教授。弁護士。日本マンション学会前会長、（社）都市住宅学会前会長。民法、不動産法とくに区分所有法の視点から都市政策への提言を続けている。
著書に『区分所有法の理論と動態』（三省堂）『物権法入門』（有斐閣）『マンション建替えと法』（日本評論社）など多数。

共著者
鈴木啓之（すずき・ひろゆき）
1945年、静岡県沼津市生まれ。中央大学経済学部卒業後、印刷関連会社に勤務。28歳のときに上作延第三住宅に転居、管理組合理事長から建替組合理事長を経て、建替え後のマンション管理組合理事長に就くまで、建替事業の中心的な役割を担う。
地元少年野球で監督をしていたことが、建替えの際の住民同士のコミュニティや地域のふれあいを築いた大きなきっかけとなっている。

飯田太郎（いいだ・たろう）
1942年、東京生まれ。早稲田大学文学部在学中から広告やマーケティングの仕事にかかわる。マンション関係のPRをてがけるなかでマンション管理の重要性を知り、自宅マンションの管理組合理事長や修繕委員長も経験し、地域のNPO活動にも参加している。
1983年、（株）TALO都市企画を設立、都市農地保全、マンション建替え、都市再生、地域コミュニティ等のコンサルティングに従事。地域マネジメント学会理事、マンション管理士。

マンション建替え物語
上作延第三住宅における10のポイント

2008年7月30日　発行

監修者……… 丸山英氣
共著者……… 鈴木啓之・飯田太郎
発行者……… 鹿島光一

発行所……… 鹿島出版会
107-0052 東京都港区赤坂6-2-8
電話 03-5574-8600
振替 00160-2-180883
http://www.kajima-publishing.co.jp/

編集協力…… 楊 英美／TALO都市企画
デザイン…… スタジオ・トラミーケ
　　　　　　笠井亜子
DTP………… G-clef
印刷・製本 … 壮光舎印刷

ISBN 978-4-306-04509-5 C3052
Printed in Japan